絶対美人になれるメイクのルール
尾花ケイコ

美人はメイクでつくるもの

「私の顔は○○だから」と決めつけてはいませんか？　確かに生まれつきの造作は変えられないけど、"キレイになりたい"という前向きな想いは表情に表れます。そして、メイクがその想いをアシスト。肌や目、唇といった素材にていねいに手を加えることで、骨格は際立ち、目はキラキラ輝いて、唇はぷっくりとして魅力的にと、美人度は確実にアップします。ここでカギを握るのが、"素材の正しい生かし方"。コツさえつかんでしまえば、誰でも"私らしい美人"になれるのです。

Rule

01

誰でも元から美人に見せられる
スタンダードメイク
これが絶対的美人顔！

Rule

02

時間がなくても美人はゆずれない
賢く引き算すれば、
時短メイクで
いつでもキレイな人

Rule

およばれメイクは
"ちょい盛り"が正解!
密かな足し算で
美人オーラを振りまいて

Rule
04
やわらかそうで、甘そうで
思わず触れたくなる
ピュア色っぽメイク

Rule

かわいいだけじゃない
カッコよさも詰まったおしゃれ顔
ちょいモードメイク

CONTENTS

- 002 美人はメイクでつくるもの
- 010 Prologue

012 Rule 01 誰でも絶対的美人になれる 尾花流・**スタンダードメイク**をマスターしよう

- 014 メイクアイテム　これだけは揃えておこう
- 016 スタンダードメイクの基本ステップ
- 018 STEP #1 **BASE** ……………………………… 下地
- 020 STEP #2 **FOUNDATION** …… ファンデーション
- 022 STEP #3 **CHEEK** …………………………… チーク
- 024 STEP #4 **POWDER** ………………………… パウダー
- 025 透明感は"塗って"つくるものなのです
- 026 STEP #5 **EYESHADOW** ………… アイシャドウ
- 028 STEP #6 **MASCARA** ……………………… マスカラ
- 030 STEP #7 **EYELINE** ……………………… アイライン
- 031 一重、奥二重に似合うアイメイクとは?
- 032 STEP #8 **EYEBROW** …………………………… 眉
- 034 STEP #9 **LIP** ………………………………… リップ
- 036 COLUMN #1 メイク上手になるために 3つの鏡を活用しましょう
- 038 COLUMN #2 知っておきたい眉メイクの基本─① 眉はまめにお手入れしよう
- 040 COLUMN #3 知っておきたい眉メイクの基本─② 根深い眉の悩みを解決しよう

042 Rule 02 5分あれば美人になれる 尾花流・**時短メイク**

- 044 賢い引き算がキレイのカギ!　時短メイクの方程式とは?
- 046 BASE MAKE UP BB&チークの2ステップで手早く、キレイなツヤ肌づくり
- 050 POINT MAKE UP ミニマムだからこそ効果絶大!　アイメイクの引き算テク
- 054 COLUMN #4 パウダーファンデーションの上手な塗り方

058 Rule 03 がんばりすぎず、品よく盛って♪ 尾花流・**およばれメイク**

- 060 いつもより少しだけ華やぎを!　およばれメイクの足し算テク
- 062 EYE MAKE UP 品よく盛ってさりげなく、まなざし力をアップ
- 065 初めての人も、これならできる!　つけまつ毛テクニック
- 068 HIGH LIGHT ハイライト
- 070 LIP リップ
- 072 HAIR STYLING 実は簡単!　およばれヘアのプロセスを徹底解説

COLUMN #5

- 076 スキンケアはメイクの土台です─① スキンケア次第で、メイクの仕上がりは変わります
- 078 スキンケアはメイクの土台です─② 5分でOK！ 撮影前にモデルに行うスキンケアプロセス全公開
- 080 スキンケアはメイクの土台です─③ こんなときはどうしたらいい？ メイク前のSOSケアが知りたい！
- 082 スキンケアはメイクの土台です─④ 尾花さん厳選！ スキンケアカタログ

084　Rule 04　愛され顔になりたい日の 尾花流・**ピュア色っぽメイク**

- 086　ピュア色っぽメイクの基本ステップ
- 087　STEP #1　BASE ……………………………… 下地
- 088　STEP #2　CONCEALER ………… コンシーラー
- 091　STEP #3　CHEEK ……………………………… チーク
- 092　STEP #4　POWDER …………………………… パウダー
- 093　STEP #5　EYESHADOW ………… アイシャドウ
- 094　STEP #6　EYELINE …………………………… アイライン
- 095　STEP #7　MASCARA ………………………… マスカラ
- 096　STEP #8　EYEBROW ………………………… 眉
- 098　STEP #9　LIP ……………………………………… リップ

100　Rule 05　「おしゃれだね」ってほめられたい日の 尾花流・**ちょいモードメイク**

- 102　ちょいモードメイクの基本ステップ
- 103　STEP #1　BASE ……………………………… 下地
- 104　STEP #2　FOUNDATION …… ファンデーション
- 106　ファンデの"薄重ね"で完璧カバー
- 107　STEP #3　HIGH LIGHT ……………… ハイライト
- 108　STEP #4　POWDER …………………………… パウダー
- 109　STEP #5　EYESHADOW ………… アイシャドウ
- 110　STEP #6　EYELINE …………………………… アイライン
- 112　STEP #7　MASCARA ………………………… マスカラ
- 113　STEP #8　EYEBROW ………………………… 眉
- 114　STEP #9　LIP ……………………………………… リップ
- 116　STEP #10　CHEEK …………………………… チーク

118　Rule 06　コンプレックスを克服して絶対的美人に 尾花流・**お悩み解決テク**を公開

- 134　尾花流・化粧直しテクなら、一日中美人！
- 140　Epilogue
- 142　衣装クレジット
- 143　掲載ブランドリスト

Prologue

これで、ずーっと大丈夫。
あなたは絶対
もっと美人なんです!

Rule
01

誰でも絶対的美人になれる
尾花流・
スタンダードメイクをマスターしよう

　自分の素材を最大限生かして、ヘルシー美人に導くのが、私のナチュラルメイクのモットーです。つるっとなめらかで、透明感に溢れ、やわらかな血色感がにじむような肌に仕立て、ツヤのメリハリで美しい骨格を引き出します。目元は大きくぱっちりと、唇はふくよかに見せる。そんな美人メイクのポイントを、ステップごとに紹介します！

Attention!

【 メイクをする前に… 】
メイクアイテム
これだけは揃えておこう

美人顔をつくるために必要なベストメンバーがこちらです！
もともとの顔立ちや素材を生かしきり、"より美しく"を叶えてくれます。

自然なツヤと
カバー力が
最大のポイント♥

BASE MAKE ITEM

1 みずみずしいツヤを仕込む下地
高保湿で、うるおいを感じるツヤ肌に。表面がなめらかになり、化粧のりもアップ。資生堂 グロー エンハンシング プライマー SPF15・PA+ 30g ¥4,000／資生堂インターナショナル

2 美肌をつくり、保つスポンジ
ファンデなどの余分な油分を吸い込み、ムラをならす必需品。お直しにもそのまま使い、1日で使い捨てます。バリュースポンジ ハウス型Mタイプ 12P ¥380／ロージーローザ

3 極上の肌に仕上がるファンデ
薄づきなのに肌トラブルも隠し、素肌の健康的なツヤを再現したかのような仕上がり。マイベストです。クリーミィファンデーション N 全7色 SPF28・PA++ 30g ¥5,000／RMK Division

4 なじませやすいクリームチーク
リアルな血色のような色みと質感が絶妙。肌なじみがよくてぼかしやすく、初心者にもおすすめ！ヴィセ リシェ リップ＆チーク クリーム PK-4 ¥1,000（編集部調べ）／コーセー

5 毛穴は隠してツヤは残すお粉
下地やファンデのツヤを消すことなく、毛穴レスなキメ細かい肌になれます。メイクもちもアップ。アルティメイトダイアフェネス ルースパウダー グロー 02 ¥5,000／THREE

POINT MAKE ITEM

1 応用の効くブラウンパレット
ほんのり赤みのあるブラウンのバリエは目の形状を選ばず、おしゃれなまなざしをつくれます！ ルナソル セレクション・ドゥ・ショコラアイズ 02 ¥5,000／カネボウ化粧品

2 カール効果の高い黒マスカラ
コームが短い毛も逃さずとらえて上向きのまつ毛に。ボリューム エクスプレス ハイパーカール スパイキーコーム ウォータープルーフ 01 ¥1,200／メイベリン

3 立体眉をつくる3色アイブロウ
濃淡の調節ができて自眉へのなじみがいいから肌から浮かず、仕上がりが自然。付属ブラシも使いやすくて優秀。ケイト デザイニングアイブロウN EX-4 ¥1,200／カネボウ化粧品

4 にじみにくい漆黒アイライナー
描いた直後にまばたきしても全然にじまないくらい速乾性がピカイチ！ 繊細なラインも自在に描け、長持ちする点も◎。リキッドアイライナー WP ブラック ¥1,000／エテュセ

5 うるぷる唇をつくる膜厚リップ
鮮やかな発色とツヤで縦ジワを目立たなくし、ふっくらとした女らしい唇に。上品で清潔感があるベージュピンクです。AQ MW ルージュ グロウ BE851 ¥3,500／コスメデコルテ

スタンダードメイクの基本ステップ

美肌をつくるためのベースメイクから、美人な顔立ちに仕立てるポイントメイクまでの流れをおさえたら、早速、実践してみましょう！

BASE MAKE UP
―肌づくり―

STEP 1

BASE

下地 →P18へ

凹凸をなめらかに整えて、うるおい感じるツヤ肌に

STEP 2

FOUNDATION

ファンデーション →P20へ

メリハリをつけて塗ると、立体感があってナチュラル！

STEP 3

CHEEK

チーク →P22へ

自然な血色感があってこそ、ヘルシーな美肌は完成します

STEP 4

POWDER

パウダー →P24へ

キメ細かい肌に仕上げて、メイクのくずれをセーブ

肌づくりで常に意識するのは立体感！

どのパーツも
"ていねいに"
がポイントだよ！

POINT MAKE UP
―ポイントメイク―

STEP 5

EYE SHADOW
アイシャドウ →P26へ

光と影の効果で奥行き感を！
簡単テクで3Dな目元に

STEP 6

MASCARA
マスカラ →P28へ

1本も残さずキワから塗って、
目の縦も横もサイズアップ！

STEP 7

EYE LINE
アイライン →P30へ

隙間なく埋めつくせば、
確実に目はパッチリ見えます

STEP 8

EYE BROW
眉→P32へ

目を魅力的に見せる名脇役の
眉はもっとも手をかけるパーツ

STEP 9

LIP
リップ →P34へ

女性らしさと清潔感がにじむ
口角の上がったふっくら唇に

BASE MAKE UP
Rule_01 STEP #1

Start!

BASE
― 下地 ―

仕上がりを大きく左右する、大切な"仕込み"

これを使用!
資生堂
グロー エンハンシング プライマー／資生堂インターナショナル

5点おき！

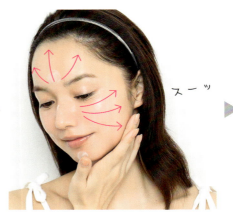

スーッ ▶▶

01 顔全体に広げたいから、額、両頬、鼻、あごに5点おき

肌全体をうるおし、なめらかに整えたいときは、すみずみまで均一に広げやすい5点おきが正解です。塗る範囲が広い額や両頬は多めに、狭いあごや鼻は少なめにのせましょう。

02 顔の内から外へ指をすべらせ、フェイスラインまで広げて

頬にのせた下地を、スーッと軽く外へ向かってのばしたら、そのままぶたにも指をすべらせて薄くなじませて。額は生え際に向かって放射状にのばすと、メリハリがついて◎。

全顔で8mm大を目安に手のひらにとってから

肌にいきなりのせると、適量がわからなくなりがち。一旦、手のひらに出してから中指にとり、各パーツへ。

細かい部分も指の腹でていねいにのばすこと

額の後は鼻筋から小鼻へ。カーブにそわせるように指を往復させて毛穴をカバー。あごも中央から外へなじませて。

ロージーローザ
バリュースポンジ
ハウス型Mタイプ

03 全体にのばし終わったら、スポンジでパッティング

塗りムラをなくしてフィット感を高めるために、何もついていないスポンジで、トントンと軽くたたき込んで。このひと手間で、ファンデのノリがよくなり、もちもアップ！

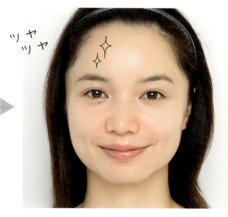

ツヤツヤ

04 ヘルシーなすっぴん肌が完成していればOK！

下地を塗り終わった段階で目標とするのは、たっぷりと寝て調子がよく、スキンケアでていねいにうるおいを与えた後のような素肌。立体的でツヤのある状態へと整えましょう。

ヨレや化粧くずれを防ぐポイント

目のキワも！

口角も！

表情によって激しく動き、乾きやすい目や口のまわりは、メイクがくずれがち。下地を薄くのばし、スポンジの角を使ってパッティングして密着力をアップ！

Rule_01 STEP #2

FOUNDATION
―ファンデーション―

頬はしっかり、ほかは薄くのメリハリ塗りを!

これを使用!
RMK
クリーミィ
ファンデーション N

この範囲にのせる

01 ファンデを直のせするのは真正面から見える範囲のみ

中指にファンデをとり、頬の内から外へ肌に指をそわせながらのばします。眉尻の下あたりまできたら、今度は内に向かって指をすべらせ、目の下から頬にかけて広げましょう。

02 フェイスラインや鼻には薄く広げてメリハリをオン!

まっさらな薬指を 01 の塗り終わった部分にのせて、ファンデをフェイスラインまで薄く広げ、そのままあごへ。鼻も同じようにのばしますが、鼻筋を越えるようになじませて。

面で塗るために中指の第2関節まで使って!
全顔でパール大を目安に手のひらにファンデを出し、中指の第2関節までファンデをなじませれば準備OK。

下まぶたのキワも忘れずに薄くのばして
メイクがくずれやすい目の下は薄くが鉄則。薬指を目のキワに往復させて頬に塗ったファンデをのばします。

この範囲にのせる

ポンポンッ

03 額は中央から外へのばし、鼻筋にもひと塗り

中指の先にファンデをとり、額にのせます（上の写真参照）。薬指で生え際に向かって放射状に広げたら、残った分を鼻筋の上から下へなじませ、口元にもごく少量を塗ります。

04 スポンジの広い面でまんべんなくパッティング

下地で使ったスポンジの違う面で、全体をトントンやさしくたたき込み、塗りムラをなくして密着力をアップ。キレイな仕上がりを長持ちさせるために、欠かせないステップです。

くすみが目立ちやすい上まぶたにもオン

中指にファンデをとり直し、黒目の上にポンとひとのせ。薬指をカーブにそって動かし、上まぶた全体にのばします。

ポンッ

まぶたや小鼻、口角のキワはスポンジの角で

小さいパーツは、スポンジの角を当ててパッティング。二重のラインもスッとなぞっておくとヨレにくくて◎。

Rule_01 STEP #3

CHEEK
―チーク―

血色を与えて美肌に仕上げ、顔立ちに立体感を!

これを使用!

ヴィセ リシェ
リップ&チーク クリーム
PK-4／コーセー

にっこり

01 笑顔をつくり、スタンプを押すように3点おき

にっこりと笑ったときに高くなる部分の頂点よりもやや下の位置にポンポンとのせていきます。黒目の下から眉尻の下に向かって、やや斜め上のラインを描くようにのせればOK。

02 点をつなげて丸く。下に向かって広げて

01でのせた点と点をつなぐように、中指でタッピング。頬の丸みを意識しながら何度もトントンすることで、ムラがなくなり、じわーっとにじみ出るような血色感が広がります。

中指にとり、微調整をしてから、頬にオン!
チークを中指の先にとり、肌が透けてみえるぐらいの発色になるように手の甲で量の調整をしておくと◎。

03 アウトラインもぼかして よりリアルな血色を演出

チークの入れた位置がくっきりわかると、ナチュラルに見えません！色が濃く出るチークの上側を中心に、塗っていない部分との境目を指でトントンしながら、なじませます。

04 反対側も同じように広げたら、鏡で左右バランスをチェック！

鏡を少し顔から離した状態で、左右の色の濃さや範囲を確認して調整をしましょう。きちんと肌が透けて見えるくらい薄く、ちょっぴり広い楕円形になっているのが正解です。

縦は小鼻の下まで 横は眉尻の外まで

チークをのばすとき、下側は小鼻の下あたりまで。サイドは眉尻の延長線上までを目安に広げるように意識して。

Rule_01 STEP #4

POWDER
―パウダー―

ミニマムにのせ、ツヤは残してくずれをセーブ

THREE
アルティメイトダイアフェネス
ルースパウダー グロー 02

01 いちばんテカリやすい額からふんわりオン

パフは人差し指を支点にして、はさむように持ちます。額の中央から鼻筋へ、軽いタッチで細かくパフを動かし、点置きしていくようなイメージで繊細にのせていきます。

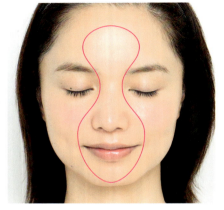

02 顔の中心にのせて、ツヤ印象をキープ

頬の部分は毛穴が目立ちやすい内側のみにのせます。さらに皮脂の分泌量が多い小鼻の脇もやさしくおさえて。アイシャドウののりを考え、まぶたの上にはのせません。

肌にいきなりのせず、パフにお粉を含ませて

パフにお粉をとったら、軽くもみます。手の甲でくるくると円を描きながら、お粉を十分に含ませておいて。

あご先にも少量のパウダーをポンッ!

あごも毛穴が目立ちやすく、皮脂分泌も多めなので忘れずに。最後に残った分でポンポンとして薄くのせます。

ツヤの層を重ねるのが正解!
透明感は "塗って" つくるものなのです

"肌に透明感がある"とは、よく使われる褒め言葉ですが、実は曖昧な表現。私なりの解釈では、透けるように清らかで美しい肌。それは澄んだ水が流れているようなみずみずしさや、触れるとなめらかでやわらかそうといった要素も含まれているように考えていますが、いかがですか? おそらく皆さんのイメージとも近いはずです。

現実には、くすみなどのせいで透明感不足に悩む人が多く、「透明感が欲しい」というリクエストをよくいただきます。そして、透明感という言葉から、"塗らない"もしくは"素肌が透けるほど薄いベースを塗る"という方法を選びがちですが、私がおすすめしたいのは、あえて塗り込んでつくるという方法。必要なのは、みずみずしいツヤと適度なカバー力がある下地やファンデです。もちろん、カバーしすぎると透明感は消えてしまいますが、しっかり塗る、ごく薄くのばす、まったく塗らないなどメリハリをつけて塗ることで、くすみや肌のアラなどのノイズは消えて、キレイに光が流れる、透明感のある肌が生まれます。本書では、シーンに応じた透明感のある肌づくりを紹介。
塗ってつくる透明感をぜひ♥

ツヤとほどよいカバー力が透明感のカギね

POINT MAKE UP
Rule_01 STEP #5

EYESHADOW
—アイシャドウ—

奥行き感を生み、憧れの彫り深い目元に

これを使用！

ルナソル
セレクション・ドゥ・ショコラアイズ 02
／カネボウ化粧品

01 薄いベージュシャドウを
アイホール全体にオン

パレット左下のパーリーなブラウン
を薬指にとり、上まぶたに広げます。
黒目の上からワイパーのように左右
に往復させて、目のキワからアイホ
ールのくぼみまでなじませましょう。

02 締め色を上まぶたのキワに。
まずは黒目の上から目尻へ

パレット左上のマットなブラウンを
目のキワにのせます。細チップを横
にして、いちばん濃くしたい黒目の
上に置き、そこから目尻の端のくぼ
みまでライン状に入れていきます。

ライン状に見せたい
ときは細チップが◎

目のキワを塗るときは幅の
狭い細チップが便利。チッ
プ全体にアイシャドウをつ
けるとキレイな仕上がりに。

03 目頭は薄くのせる、が浮かずになじませるコツ

アイシャドウをつけ足さずに、今度は目頭から目尻まで一気に細チップを動かして。こうすると、目尻より目頭部分が薄くなるので、メイクが濃く見えるのを防ぎます。

04 涙袋に輝きをのせると、ますます目が大きく!

太チップの先にアイホールにのせた色と同じ色、パレット左下のパーリーなブラウンをとります。黒目の下を起点にチップを左右に往復させ、下まぶたのキワ全体に広げましょう。

繊細な下まぶたには太チップをチョイス
下まぶたは肌当たりのやさしい太チップで。先端にのみアイシャドウをつけ、チップを立てて塗りましょう。

Rule_01 STEP #6

MASCARA
—マスカラ—

まつ毛の上がり具合で目の印象は変わります！

ビューラーでまつ毛を上げる

まつ毛の根元から
しっかりとカールアップ

まつ毛の端から端まで1本残さずはさむようにビューラーを根元まで差し込みます。根元でぐいっとはさみ、手首を返しながら中間、毛先と計3回はさんでまつ毛を上向きに。

▶▶

手首を上にくるっと返すと美カールに♡

あごは少し上げて
目線は下に

鏡を上から覗き込むような状態でビューラーをすると、まつ毛の根元がしっかり見えるので上げやすいはず。

ITEM

どんな目元にも
フィットする名品

日本女性の目元を研究して設計されただけあり使いやすく、美しいカールがつくれます。アイラッシュカーラーN213 ¥800／資生堂

これを使用！

メイベリン
ボリューム エクスプレス
ハイパーカール スパイキーコーム
ウォータープルーフ 01

資生堂
アイラッシュ
カーラー
213

01
まつ毛ギワにコームを当て、根元は濃く、毛先は薄く

上のまつ毛の根元にマスカラのコームをぐっと差し込んで、軽くジグザグと揺らしてしっかり液をなじませます。毛の中間あたりから毛先に向かってはスッと抜くように動かして。

02
下まつ毛は毛先から塗るのが正解です！

下まつ毛の場合、根元にいきなりマスカラをのせるとまぶたについて×。ブラシを横にして毛先にちょんとつけると液の重みでまつ毛が下がるので、根元から塗りやすくなります。

目頭や目尻にも塗り、パノラマまつ毛に

01 の後、目頭は眉間の方向、目尻は眉尻の方向へ、同じ要領で塗っていくと、キレイな扇形に仕上がります。

目尻　目頭

Rule_01 STEP #7

EYELINE
—アイライン—

隠しラインでさりげなく黒目をサイズアップ

これを使用！

エテュセ
リキッドアイライナー
WP ブラック

01 まつ毛のすき間を埋めて、フレームくっきり

まつ毛が上がっているので、キワに描きやすいはず。いちばん太くなってもいい中央から、目尻のまつ毛の生え終わりまで、まつ毛の間のすき間を埋めるようにラインを引いて。

02 目頭側は極細に描くとメイク感が出ず自然

次に、目尻の端から戻りながら目頭に向かってラインを引きます。目頭側はまつ毛の生えている部分まで。黒目の上から目尻にかけて濃くすることで、パッチリとした目元に！

パッチリ

上まぶたを引き上げ、ライナーは下から！

キワをより狙いやすくするために、上まぶたを指で軽く引き上げ、アイライナーは立てて下から差し込んで。

目の形は個性です！
一重、奥二重に似合うアイメイクとは？

私自身も奥二重ですが、コンプレックスに思ったことはないんです。
それは自分の目の形を生かしたメイクのテクを知っているから。
マスカラとラインをていねいにし、影色を足すだけなので、ぜひお試しを。

一重さんの場合

奥二重さんの場合

黒目のボリュームを出して、ぱっちりとした印象をプラス

一重さんが強調したいのは、黒目の上下。濃いブラウンなどアイシャドウの締め色を使って基本テク通り上まぶたのキワ全体に入れたら、黒目の幅よりちょっぴり広い範囲に重ねて太さを出します。さらに、下まぶたも黒目の幅よりちょっぴり広い範囲に、まつ毛のすき間を埋めるように締め色を入れれば、自然に目の縦幅が拡大されます。

下まぶたの目尻に影色を入れ、美しいアーモンドアイに

目のキワの締め色やラインが隠れがちな奥二重さんは、下まぶたで奥行きを強調します。濃いブラウンなどアイシャドウの締め色を目尻側1／3のキワに入れます。このとき、上のラインとつなげず、5mmすき間をつくるのがポイント。抜けが生まれ、目が大きく見えます。まつ毛もマスカラでしっかりと長さを出して扇形に広げましょう。

Rule_01 STEP #8

EYEBROW
—眉—

毛流れを意識して描くことで、立体的に美しく

これを使用！

ケイト　　　　　KOBAKO
デザイニング　スクリューブラシ
アイブロウN EX-4　／貝印
／カネボウ化粧品

ここがたまり↓

01　毛が密集した"たまり"を起点に、まず眉尻へ

アイブロウ用の硬いブラシに、自眉より明るいパレット中央の色をとります。毛流れが上向きから下向きに変わる密集地帯から描き始めると、自然な仕上がりに。ここから眉尻へ自眉をなぞりつつ、平行に描いて。

02　欠けている眉下の部分を描き足して、眉幅を太く

毛流れが変わるたまりの位置の太さに合わせて眉下を描き足します。このとき、ブラシは寝かせて、たまりから眉山の下までストレートなラインになるように描きましょう。

眉山から眉尻へはブラシを斜めに立てて

毛流れに合わせてブラシの角度を斜めにして描くと◎。眉尻の終わりが眉頭より下がらないように注意して！

眉尻にも太さを出し、いまどき顔に

眉尻の下側を描き足すと、彫り深い目元に。細眉の人もこの部分を思い切って描くことで、太眉印象に。

ITEM

眉にまつ毛に、と大活躍するブラシ

毛がやわらかめなので肌に負担をかけずにとかせます。アイブロウをぼかしやすいのも魅力。KOBAKO スクリューブラシ ¥1,200／貝印

> 眉のお手入れは
> P38へ

03 眉頭は太いブラシでふんわりとのせるだけ

眉頭を描くときも、必ずたまりから描き始めること。今度は太いブラシに01と同じ中央の色をとり、毛流れに逆らうように眉頭に向かって、ふわっとひとはけします。

04 ブラシで毛流れを整えるひと手間で美眉度がアップ

全体を描き終えたら、スクリューブラシで整えて。眉頭は下から上に、たまりから眉山にかけては斜め上へ、眉尻は斜め下へと毛の生え向きに合わせ、力を入れずにとかします。

自然に仕上げるために眉頭は描きすぎない！
眉頭をしっかり描くと、極太でわざとらしい印象に。眉頭は鼻筋に向かってスッと抜くようにのせましょう。

綿棒でぼかせば、一段とナチュラル
眉のアウトラインを綿棒を寝かせてなぞると、はみ出て描いていた部分が補整でき、自然にぼけて◎。

Rule_01 STEP #9

LIP
―リップ―

唇のフレームを際立たせることで清潔感がアップ

これを使用！
コスメデコルテ
AQ MW ルージュ グロウ
BE851

01 いちばん厚みを出したい 下唇の中央からオン

にっこりと笑った状態で塗るのが、口角がキュッと上がった唇に仕上げるコツ。下唇の中央から、唇の輪郭にリップの縁があたるようにのせ、口角に向かって直塗りしていきます。

02 上唇の両端は 口角から中央に向かって

口角にリップの縁を沿わせ、輪郭をなぞりながら、中央の山へつなげていきます。このとき、上下の口角がしっかりつながるように塗ることが大切。きちんと感がアップします。

上唇は山のカーブに沿って、ていねいに

上唇は、ふっくらと見せたい山の部分からスタート。山の頂点に少しだけ丸みをつけるように意識して。

口角を塗るときは口を大きく開けて

口をしっかりと開けて、ピーンと唇を張らせます。口角が塗りやすくなり、上下をつなげるのも簡単です。

COLUMN #1

"思った以上に濃すぎた!"は防げます
メイク上手になるために3つの鏡を活用しましょう

　メイクが仕上がった時点では完璧だと思っていたのに、オフィスの鏡やショーウィンドウのガラスに映る自分を見てハッとすることはありませんか？　化粧直しのときに手鏡を見て、お粗末なアイラインに驚いたことがあるかもしれません。

　それらの原因は、ずばりチェック不足だと思います。ひとつの鏡だけでは、寄り引き両方を確認することができず、メイクと洋服がチグハグだったり、どこかアンバランスだったり。それを防いでくれるのが、3つの鏡です。細部から全体像まで毎日、客観的に観察することで、自分の顔の新たな魅力に気づけたり、コーディネート力もアップしたりと、美人度アップの訓練にも。

　いつでも美人でいるために、3つの鏡はマストです！

1 ハンドミラーで細部をチェック

ポイントメイクをするときは、至近距離で細かくチェックできる手鏡があると◎。あごの角度を変えながら、まぶたのキワや眉の毛流れ、唇の輪郭など、しっかり見ていって。

2 バストアップが映る鏡で顔のバランスをチェック

メイク中やメイクが仕上がった段階で、引いて見ることも大事。色の濃淡や左右差、髪とのバランスや横顔などをチェックして足し引きすることで、完成度は高まります。

3 全身が映る鏡で、全体のバランスを最終チェック

たとえメイクや髪が完璧だと思っても、洋服や靴も含めて見ると、チグハグなことも。全身をトータルで見られる鏡で、改めてメイクや髪とのバランスを確認することが大切。

いつでも美人でいるために3つの鏡を用意!

COLUMN #2

知っておきたい眉メイクの基本―― 1
眉はまめにお手入れしよう

今ある毛を生かしたほうが、断然、キレイで立体感のある眉に仕上がります。そこで大切なのがお手入れ。ちょっと抜いたり、カットするだけで印象はかなり変わるので、ていねいに行いましょう。

ラインより毛根がはみ出していたら抜く、毛先が飛び出ているならカット

眉のお手入れMAP

ITEM

思い通りのカットが叶う眉用ハサミ

刃先が薄いから毛の1本1本をカットしやすい。持ちやすいので微調整も簡単です。KOBAKO アイブロウシザーズ ¥3,500／貝印

1 スクリューブラシで正しい毛流れにセット

基本ステップ通り（P032〜033）に眉を描いたら、切りすぎ、抜きすぎを防ぐために毛流れを再び整えます。眉頭は上、毛の生え向きが変わる位置からは斜め上、眉尻は斜め下へ。

2 描いたラインからはみ出ている部分をカット

カットするのは、眉頭をのぞいた眉下の部分で、ラインから飛び出ている毛のみ。根元からではなく、飛び出ている長さ分だけを1本ずつカット。刈り込まないよう注意して。

- 眉頭は小鼻の根元の延長線上より外側に
- 眉山は黒目の外端と目尻の間に設定
- 眉尻の端は小鼻と目尻を結んだ延長線上で、眉頭よりも下がらないこと

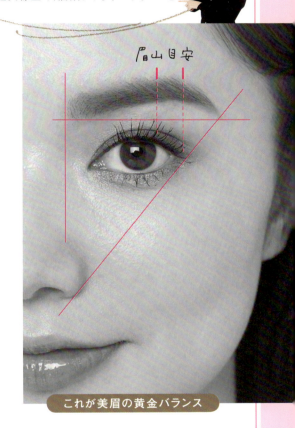

眉山目安

これが美眉の黄金バランス

描いた眉の外に毛根がある毛だけ抜いてOK！

抜いていいのは、描いた眉の外に毛根がはみ出している毛だけ。まず、眉頭をのぞいた眉下の部分の毛を処理していきます。太い毛はもちろん、うぶ毛まで抜くと洗練度がアップ！

3

眉上は、うぶ毛は抜かず、濃い毛のみを抜くこと

眉山の上はいじりすぎると不自然になるので慎重に。眉山のカーブが鋭角にならないように注意しながら、眉山のラインから毛根がはみ出している濃い毛だけを抜きましょう。

4

ITEM

うぶ毛も短い毛もきちんとキャッチする毛抜き

斜めカットの先端によって、短い毛も狙いやすく、一度つかんだら、軽い力でスムースに抜けます。
KOBAKO ツィザー ¥1,800／貝印

COLUMN #3

知っておきたい眉メイクの基本──2
根深い眉の悩みを解決しよう

最近は、メイク上手な人が増えましたが、それでも悩んでいる人が多いのが眉メイク。洗練度や清潔感といった印象に直結する重要パーツだけに、お悩みを解消してブラッシュアップを図りましょう!

> きちんと眉を描いても
> すぐにとれてしまうんです

1

濡れ綿棒で眉をなぞり、余分なファンデをオフ!

ファンデの油分が眉に残っていると、アイブロウがきちんと発色&フィットしないため、メイクもちがダウン。まずは、眉を描き始める前に水で湿らせた綿棒でなぞり、オフします。

2

描くときは、基本と同じアイブロウパレットで

眉の描き方は基本のステップ(P032〜033)と同じでOK。眉の生え向きが変わるたまりの位置から、眉尻、眉頭へと描きます。とくに毛が薄い部分はきちんと埋めておくこと。

3

仕上げにお粉をのせて皮脂くずれをセーブ

フェイスパウダーを少量パフにとり、しっかりと含ませてから描いた眉の上にポンポンとのせていきます。眉に使うパウダーは、皮脂を吸収するカラーレスなタイプがベスト。

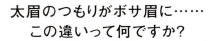

太眉のつもりがボサ眉に……
この違いって何ですか？

毛の生え向きが
整うだけで
全然違うよ〜！

毛流れを整えることで洗練度がアップします！

今のトレンドはストレートな太眉。イキイキとして見えるうえ、小顔効果や目をぱっちり見せる効果などメリットがたくさん。でも、同じ太眉でも、毛の向きが不揃いでボサボサだと清潔感に欠けてしまうため、大切なのが毛流れ。毛の向きを整えることで自然な立体感も生まれます。

左右の眉の高さを
揃えるにはどうしたらいい？

形が好きなほうの眉に歩み寄るように描いて

まず、どちらの眉に合わせるかを決めます。眉中央のたまりの位置から平行に描き始め、途中で左右を見比べ、高さや太さが足りない部分を交互に埋めていくと、自然に揃います。

Rule

02

5分あれば美人になれる尾花流・
時短メイク

　時間が限られているからといって、ひとつひとつのプロセスにかける時間を短くすると、雑になって手抜き感が出てしまうのでNG。"メイクプロセスをミニマムに絞りつつ、各プロセスはていねいに行う"ことが大切です。多機能なコスメを上手に用いて、ツヤと血色感はきちんと与えておくことで、たった5分でも十分美人になれます。

賢い引き算がキレイのカギ！
時短メイクの方程式とは？

下地＋ファンデを
ＢＢクリームにチェンジ！

　１ステップで下地とファンデの役割を果たしてくれるBBクリームは、時間がないときの必需品です。とくに、最近のBBクリームは進化が目覚ましいので、１本持っていて損なし！　ファンデとパウダーのプロセスをまるっと省けますが、その分、指でていねいになじませたり、スポンジでパッティングしたり、という手間を惜しまずに行うのが、時間をかけずにキレイでもちのいい肌に仕上げるときのコツです。

アイシャドウは
潔く１色だけ！

　アイシャドウに求められるのは、立体感の演出。肌なじみがいいパール入りのブラウンを選び、指でざっくりと上まぶたに塗るだけでOK。パールの光とブラウンのほのかな陰影効果で、丸みが強調されて、目元に奥行きが生まれます。よりミニマムに、と考えると下まぶたメイクを省きがちですが、それは間違い。上まぶたと同じ色なら、計算なく、塗るだけでメイクがまとまり、マスカラのにじみも防げるんです。

チークやリップは
ポンポン塗りで手早く

　時短とはいえ、血色感は美肌を印象づけるうえでも、立体感をもたらすうえでもマスト！　そこでおすすめなのが、チークのスポンジ塗り。赤みをのせたら、そのまま同じスポンジでアウトラインをポンポンするだけ。自然にぼけて内側から血色がにじみ出るような頬に。簡単にムラのない、ほんのりチークが完成します。リップも同じようにポンポンと指でつけると、輪郭が曖昧でもだらしなく見えずにキュート！

マスカラを
アイライン代わりに

　時短メイクは時間が限られている以上、プロセスの取捨選択をする必要があるので、ひとつで2つの効果が狙えるものを優先的に残すのが正解です。そこで、アイラインは思いきって省き、マスカラをていねいに。ポイントは、まつ毛の根元にしっかりと液をからませること。これでライン効果が生まれ、アイラインなしでも目元がパッチリと見える、美しいまなざしが叶います。

Rule 02

BASE MAKE UP

BB&チークの2ステップで
手早く、キレイなツヤ肌づくり

Rule_02

これを使用!

ケイト
ミネラルマスクBB
／カネボウ化粧品

01

5点おき！

素早く全体に塗るべく
BBクリームは5点おき

手のひらにあずき大の量の
BBクリームをとり、額、両頬、
鼻、あごの上にのせます。
UVカットも兼ねているので、
必ず顔全体にのばしましょう。時間短縮するうえでも5
点おきが効率的。

**のびをよくする
ひと手間をプラス**

肌にのせる前に、手のひら
でBBクリームを指でくる
くるしてのばしておくと、
体温でやわらかくなり、の
びやすい状態に。

02

やさしく♪
手早く♪

2本指の面を使って
やさしく内から外へ

中指と薬指を肌に沿わせて、
頬、額の順に、顔の内から外
へ、肌を引っ張らないように
BBクリームをのばしていき
ます。フェイスラインの手前
までのばし、そこから先は軽
くぼかしましょう。

◇◇◇◇ ITEM ◇◇◇◇

03

細かいパーツは、
中指の先でなじませて

鼻筋に沿ってのばし、そのま
ま小鼻へ。ふくらみ部分に指
を沿わせたら往復させ、毛穴
をしっかりカバー。あごと口
元にものばし、指先に残って
いる分を上まぶたにもなじま
せていきます。

**リアルな美肌が
つくれる優秀BB**

カバー力がほどよくあり、フ
ィット感も高いので、1本でつ
るんとなめらかな肌がつくれ
ます。ケイト ミネラルマスク
BB 全3色 SPF30 PA++ 30g
¥1,500／カネボウ化粧品

Rule_02

これを使用！

ロージーローザ
バリュースポンジ
ハウス型Mタイプ

ヴィセ リシェ
リップ&チーク
クリーム PK-4
／コーセー

04

スポンジで顔全体を
トントンおさえて

BBクリームを顔全体にのばし終わったら、まっさらなスポンジでやさしくパッティング。小鼻や目尻の端は、スポンジの角を使うと◎。これで密着力が高まり、メイクのもちがアップします。

ポンポンッ♪

05

にっこり笑って
チークをスタンプ塗り

04で使ったスポンジにクリームチークをなじませ、笑ったときに高くなる部分に、直線的にラフにのせていきます。スタンプを押すように、軽くポンポンするだけでOK！

チークも
ポン
ポンッ！

斜めカット部分を使うとちょうどいい！

ハウス型スポンジの傾斜になった部分を使用。トントントンと3回ほどタッピングしてチークを適量とります。

06

チークの境目を
ぼかしてナチュラルに

スポンジのキレイな傾斜部分を使い、ポンポンとチークをなじませます。アウトラインはぼかすように、細かくスポンジを動かして、ほんのりと赤みを帯びた頬に仕立てます。

Rule 02

POINT MAKE UP

ミニマムだからこそ効果絶大!
アイメイクの引き算テク

Rule_02

これを使用！

ルナソル
セレクション・ドゥ・
ショコラアイズ 02
／カネボウ化粧品

メイベリン
ボリューム エクスプレス
ハイパーカール スパイキーコーム
ウォータープルーフ 01

01

影色ブラウンを
上まぶたに指で塗って

パレットの左下の薄いブラウンを薬指にとり、黒目の上にのせます。そこからアイホールの丸みを意識して、指を左右に往復させます。

02

上まぶたと同じ色を
下まぶたのキワにオン

01と同じ色を太チップの先にとり、下まぶたのキワ全体に往復させて塗ります。下まぶたにアイシャドウをのせておくと、マスカラがにじみにくいのでおすすめです。

**上下のまぶたを
同じ色で囲みます**

時間がないとき、絶対に失敗ないのがワントーンメイク。パーリーなブラウンなら、目元に深みも出て立体的に。

03

マスカラは根元攻めで
ライン効果を狙います

ビューラーは省略。マスカラのコームをまつ毛の根元にしっかり差し込んだら、ジグザグと動かして、目のキワを強調します。まつ毛の根元を持ち上げ、毛先に向かってスッと抜き、扇形になるように意識しましょう。

Rule_02

これを使用！

ケイト
デザイニング
アイブロウN EX-4
／カネボウ化粧品

ヴィセ リシェ
リップ&チーク
クリーム PK-4／コーセー

04
下まつ毛にも
マスカラをオン

目のフレームを強調し、パッチリと見せるために、下まつ毛にもマスカラを塗ります。サッと上から下へまつ毛をなでるようにひと塗りするだけでOK。存在感は十分増します。

05
自眉をなぞるように
アイブロウをオン

太ブラシにパレットの中央の薄いブラウンをとり、毛の向きが変わる密集地帯のたまりから、眉尻までふわり。自眉の上に色をのせるようにサッと塗って、自然なストレート眉に。

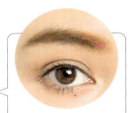

**たまりから眉頭へ
スッとひとはけ**

眉頭へも、たまりの位置から自眉をなぞるようにひとはけ。太ブラシを使うことで、ふんわりとした仕上がりに。

06
指でトントンとのせて
唇にほんのり血色を

リップにもなるクリームチークを薬指にとり、下唇、上唇の順にラフにのせていきます。最後に、上下の唇をムニムニと合わせてなじませれば、じわっと赤みが広がってヘルシー！

COLUMN #4

パウダーファンデーションの上手な塗り方

パウダリーファンデ派は、こちらの塗り方をチェック！
ツールによって、仕上がりが変わるのはパウダーならでは。
シーンやファッションによって使い分けてみるのもおすすめです。

スポンジ塗り

何といっても、ほわっとやわらかそうな肌に仕上がるのが、スポンジ塗りの魅力。力を入れず軽くすべらせるのがポイントです！

1

スポンジの端を持ち、頬の内から外へ

スポンジの面積の半分よりやや小さめの範囲にファンデをとります。スポンジは角をつまむように持ち、頬の内から外へ、顔のカーブを意識しながらスッと軽くすべらせて。輪郭から指2本分内側のところでストップ。反対側も同様に。

量は

持ち方は

2

額は横塗りで、均一に広げます

同量のファンデを再びスポンジにとり、今度は額へ。髪の生え際に向かって、横方向にスッと軽くのばします。そのまま鼻筋をなぞるように塗り、小鼻もカーブに沿って塗ります。その後、鼻下、口元、あごにものばして。

ITEM

**粉っぽさゼロで
ツヤっぽく仕上がる♥**

シルキーな肌に。グロウ パウダーファンデーション ピュア 全5色 SPF22 PA++ ¥5,000（ケース込み）／アディクション ビューティ

ふんわり
ベビー肌が簡単に
できちゃう♥

3

残ったファンデであごや上まぶたを仕上げて

ファンデはつけ足さず、残ったファンデであご部分を仕上げます。あごのラインに沿わせてスポンジをすべらせ、ファンデを薄く広げましょう。上まぶたにも軽くスポンジをすべらせて薄く塗って。

4

細かいパーツもやさしく、ていねいに

スポンジを三角形になるように二つ折りし、先端に少量のファンデをとります。スポンジの角を使って目のキワや小鼻のカーブに合わせ、往復塗りします。

量は

持ち方は

5

仕上げに輪郭部分を軽くぼかせばOK!

素肌との境目をなくすため、スポンジの何もついていない部分でフェイスラインをなぞります。額からこめかみまでは、上から下へスライドさせ、そこから下は輪郭へ向かって外側に動かして。

持ち方は

COLUMN #4

ブラシ塗り

ブラシ塗りは、顔や毛穴の凹凸にファンデを入れ込めるので、より毛穴レスに仕上がります。
肌も磨かれ、リキッドに近いツヤ肌が完成!

1

**頬の内から外へ
ブラシをすべらせて**

パウダリーファンデの上にブラシを一往復させ、ブラシの両面に含ませておきます。目頭の下にブラシを当てて頬のカーブに沿わせ、内から外へのばします。フェイスラインから指2本分のところまできたらストップ。

2

**いちばんキレイに
見せたい頬は入念に**

1の位置からブラシを内に倒して折り返し、スタート地点に戻ります。これを3回繰り返し、肌を磨いてツヤを引き出します。さらに、ブラシにファンデをつけ直し、反対側も同じように塗ります。

3

**額は左右に往復
させてツルッと!**

再びブラシにファンデをとり、眉上から髪の生え際に向かってブラシを往復させながら塗っていきます。このとき、頬と同じくフェイスラインにファンデはのせず、ブラシを返しながらのばして。

◇◇◇◇◇ ITEM ◇◇◇◇◇

**余分な粉をキレイに
払い、均一な美肌に**

一気に幅広く塗れて、角を使えば細部も楽勝! グロウ パウダーファンデーション 専用ブラシ ¥1,200/アディクション ビューティ

4 鼻まわりはブラシの縦使いでていねいに

鼻筋は、ファンデをつけ足さず、ブラシを立てて薄くひと塗り。そのまま立てた状態で、ブラシの角を使って小鼻のカーブなど、細かい部分にもファンデを塗りましょう。鼻の下にも軽くのせます。

5 あごのラインは往復して薄くカバー

下唇とあごの間にブラシを縦にして当て、あご先からもみあげあたりまでスライドさせます。次に、フェイスラインに沿って、反対側のもみあげまで動かします。これを繰り返し、薄くなじませて。

6 フェイスライン、まぶたの上は極薄に

フェイスラインから指2本分あけておいた部分を、ブラシでぼかしていきます。5のごく少量のファンデが残ったブラシで、上まぶたや眉下にも広げて。塗り残しのないように仕上げましょう。

ツヤツヤ

パウダーとは思えないツヤっぽい肌に♪

Rule
03

がんばりすぎず、品よく盛って♪
尾花流・
およばれメイク

結婚式からちょっとしたパーティまで、何かとドレスアップする機会が多い20〜30代。華やかに見せたい！　と気合いが入りますが、力みすぎて空回りしてしまうと、結果、ダサい……なんてこともしばしば。とはいえ、いつも通りでは物足りないですよね。スタンダードメイクをベースに、パーツを絞って盛ることで、いつもの自分の延長線上にある華やか美人を叶えましょう♥

いつもより少しだけ華やぎを！
およばれメイクの足し算テク

ベースの肌と眉は
いつものままで

いくら華やかなシーンだからといって、すべてのパーツを盛ると、トゥーマッチ。"メイクしました"感が全面に出てしまい、美人というよりは派手な印象を与えてしまいます。だから私は、あえて肌と眉という、2つの基本パーツをスタンダードメイクと同じようにつくり、いつものニュアンスをキープします。これが、全体的に華やかさを増しつつも、がんばりすぎに見せないための秘訣です。

まつ毛は
盛って盛って！

思いっきり盛っていいのが、まつ毛。普段は使わないつけまつ毛をプラスすると、ドレスアップしたコーディネートにふさわしい、ゴージャス感をほどよく演出できます。ただし、エレガントさは死守したいので、自分のまつ毛にナチュラルになじむつけまつ毛をセレクトすることが大切。目のカーブに沿うようにカットする、ラインで補整するなど、手を加えた分だけ洗練度はアップします。

ハイライトで
ツヤと立体感を

スタンダードメイク通りに肌をつくりつつも、美人度と華やかさをプラスするために、ハイライトを投入。濡れたようなツヤをもたらすクリームタイプと、やわらかな光を演出するパウダータイプの2種を用意し、目の両端や額、鼻筋などにピンポイントになじませます。塗る範囲はミニマムですが、わざとらしくならずに立体感を際立たせることができ、透明感もアップ！ その効果は想像以上です。

カラーライナーで
華やぎアップ

カラーライナーは華やかメイクで活躍しますが、使い慣れていない分、抵抗がある人も多いはず。そこでおすすめしたいのが、ゴールドブラウンのライナー。ブラウンだからなじみがよく、キラキラ効果で抜け感が生まれて、品よく魅力的なまなざしに。また、唇は色を効かせるより、グロスのツヤでぷっくり感をアピール。これで、横から見ても立体的で、ちょっぴり色っぽい表情に仕上がります。

Rule 03

EYE
MAKE UP

品よく盛って
さりげなく、まなざし力をアップ

Rule_03

Start!

肌づくりは
スタンダードメイクと同じ!

これを使用!

ルナソル
セレクション・ドゥ・
ショコラアイズ 02
／カネボウ化粧品

基本のメリハリ塗りで
立体ツヤ肌に仕立てます

下地、ファンデ、チークまではスタンダードメイクのステップ通りでOKですが、各プロセスをいつも以上に時間をかけて行って。それだけで洗練度がアップします。お粉はのせずに、アイメイクへ移りましょう。

01

薄いブラウンで奥行きのある
目元のベースづくり

スタンダードメイクと同じアイシャドウパレットを使用。左下の薄いブラウンを薬指にとり、ワイパーのように左右に動かして目のキワからアイホールのくぼみあたりまでのばして。

02

下まぶたにも薄いブラウンを
仕込み、ツヤと立体感を

アイホールにのせた色と同じ色を今度はチップにとり、下まぶたのキワ全体に塗っていきます。パールの効果で涙袋が際立ち、陰影による深みも生まれ、立体的なまなざしに。

Rule_03

これを使用！

ルナソル
セレクション・ドゥ・
ショコラアイズ 02
／カネボウ化粧品

デコラ
アイラッシュ NS
／貝印

三善
シャレナブラック

03
下まぶたの目尻に締め色を足して、甘さをプラス

アイシャドウパレットの右下の締め色を細チップにとり、下まぶたの黒目の外端から目尻まで細く入れ、たれ目ニュアンスを演出。こうすると、まつ毛を盛ってもバランスがいい。

04
パッチリと見せるためのビューラーは念入りに

これもスタンダードメイクと同じ要領で。ビューラーをまつ毛の根元に差し込み、ぐいっと上向きにカールアップ。まつ毛の中間、毛先の順にはさみ、ゆるやかなカーブをつけて。

05
つけまつ毛を加え、長くボリューミーに

目元の印象を一気に華やかにできるのが、つけまつ毛の魅力。自分のまつ毛より少し長めで自然にボリュームアップできるタイプを選び、まつ毛の根元に重ねるようにつけます。

初めての人も、これならできる!
つけまつ毛テクニック

難しくて失敗しそう……と敬遠しがちなつけまつ毛も、ちょっとの工夫で簡単につけられます。多少、上手につけられなくても、アイラインでフォローできるので、神経質になりすぎずチャレンジ!

あらかじめつけまつ毛を カットして微調整を

目尻側のまつ毛に揃えてつけまつ毛を仮置きし、目頭のまつ毛が生えているところから飛び出た部分をカット。それをさらに半分に切って。のりは手の甲に出し、つけまつ毛の軸の面につけて。

1

まずは目尻のまつ毛の 終わりに合わせてオン

ハーフサイズにカットしたつけまつ毛の毛先をつまみ、目尻側のまつ毛の生え際を狙ってオン。しっかり接着させたら、つけまつ毛の毛先を指先でぐいっと押して、しっかりフィックスさせます。

2

目頭側にも接着して、 指で押さえて固定します

1でつけた部分につなげるように、残りのつけまつ毛を黒目の上にオン。このとき、つけまつ毛のつなぎ目が多少ガタついていても、後からラインで埋めるので気にしないでOK。

ITEM

自まつ毛との一体感が 絶妙なアイラッシュ

長すぎたり、毛量が多すぎることもなく、カール具合も◎。目元の印象が自然に強まります。デコラアイラッシュ NS ¥500／貝印

泣いてもとれない 接着力を誇る黒のり

素早く乾いて途中でとれることがない、つけまつ毛用ののり。アイライン効果もある黒色です。シャレナブラック ¥600／三善

Rule_03

これを使用！

エテュセ
リキッド
アイライナー
WP ブラック

RMK
インジーニアス
リクイドアイライナー
EX 03

コスメデコルテ
AQ MW
マスカラ
BK001

06
つけまつ毛の根元と
インサイドに黒ラインを

黒いのりによる段差をなじませつつ、黒のリキッドで目のキワを埋めます。目頭側の端や、つけまつ毛の連結部分のガタつきがなだらかになるように描き、まつ毛のすき間を埋めて。

07
キラキラブラウンを
目尻側長めに描きます

06の黒ラインが乾いたら、上から重ねるように、黒目の上から目尻までゴールドブラウンの見せラインを引きます。目尻側は端から6〜8mm水平にオーバーさせておくこと。

08
細長い三角ラインに
仕立て、色をアピール

07でのばした部分から、下まぶたのフレームにつながるように折り返して目尻の端へつなげます。目尻側に細長い三角形ができるので、中を塗りつぶして、ハネ上げラインに。

09
つけまつ毛をなじませ、
パッチリ華やかな目元に

自分のまつ毛とつけまつ毛を密着させて自然に見せるため、まつ毛の根元から毛先へ、マスカラをサッとひと塗り。下まつ毛にも塗り、存在感を出します。眉は基本通りに仕上げて。

066

ITEM

アイメイクの主役になる光ライナー
ゴールドの輝きで上品に華やぐ、大人のブラウンライナー。インジーニアス リクイドアイライナー EX 03
¥2,800／RMK Division

仕上がりを美しく保つツヤマスカラ
つけまつ毛の重みに負けることなく、ハリのある上向きカールをキープできる！
AQ MW マスカラ BK001
¥3,500／コスメデコルテ

Finish

Rule_03

HIGH LIGHT
—ハイライト—

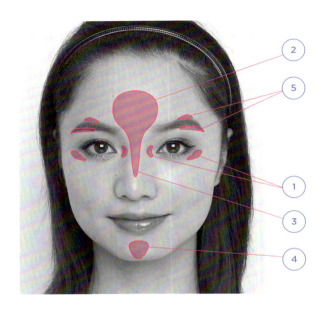

 目元

**目頭のくぼみと目尻の下に
練りタイプで光をプラス**

ハイライトを薬指にとり、目頭側のくぼみにポンとのせます。次に、頬骨の上（黒目の外側から目尻まで）にのせ、すっぴんのときにツヤが際立つ部分を光らせます。

 額

**額のセンターハイライトで
女性らしい丸みのある額に**

額の中央が高くなるように、ハイライトをオン。アイシャドウブラシにパウダータイプのハイライトをとり、両黒目の内側を目安にのせます。額から眉間の間にものせましょう。

Rule_03

これを使用！

RMK
グロースティック

KOBAKO
アイシャドウ
ブラシA
／貝印

ルナソル
モデリングコントロール
パウダー 00
／カネボウ化粧品

 3 鼻筋

細くストレートな光の
ラインを鼻の中心に

②でブラシに残ったパウダーを鼻筋に入れて。このとき、ブラシは立てて、細く入れるのがポイント。一本の光の線をつくることで、不自然にならず、鼻を高く見せられます。

 4 あご

あごの高さを際立たせて
整形レベルに美人度アップ

ブラシにパウダーを足し、あご先にもふわりとのせます。唇の下のくぼんだ部分にはのせずに、サッとふたけば。美人顔の条件である、ちょっと突き出たあごを演出できます。

 5 眉

眉まわりの立体感を強調！
小顔に見せる効果も◎

再びブラシにパウダーをとり、眉まわりにものせます。ブラシを立てて、眉尻の下と眉山の上にのせることで、骨格の凹凸を際立たせ、顔の横幅が狭く見える錯覚効果を狙います。

ITEM

**ヘルシー素肌にある
光をリアルに演出**
みずみずしいツヤで立体感と透明感を演出するクリームハイライト。指塗りがおすすめ。グロースティック ¥2,000／RMK Division

**厚みも幅もほどよい
サイズ感のブラシ**
少し大きめのアイシャドウブラシは、ハイライトパウダーをのせるのにジャストサイズ。KOBAKO アイシャドウブラシA ¥2,400／貝印

**澄んだ白い光で
透明感をアップ**
ソフトなハイライト効果を発揮。ルナソル モデリングコントロールパウダー 00 ¥5,500（コンパクト、ブラシ込み）／カネボウ化粧品

Rule_03

LIP
— リップ —

これを使用！

KOBAKO
リップブラシ
（スライド）
／貝印

コスメデコルテ
AQ MW
ルージュ グロウ
BE851

エスト
アドバンスド
リップス 201

01
きちんと感が求められる
リップはブラシ塗りが正解！

ブラシにたっぷりリップをとり、いちばんぷっくりと見せたい下唇の中央から、内→外へと塗り広げます。輪郭はなぞるように塗ると、縁にリップがたまらず均一に仕上がります。

02
上唇は山をキレイに描き、
端正な形をアピール！

上唇も中央から塗り、口角から山に向かってブラシを動かし、輪郭をていねいに整えます。これで、たとえグロスが落ちてもリップの色が残るので、清潔感をキープできます。

03
唇の中央にグロスを！
上唇の山にもちょっとだけ

グロスを下唇の中央に塗り広げたら、残った分で、上唇の山の輪郭をサラッとなぞります。こうすることで、唇がぷっくりと前に突き出て見え、上品でグラマラスな印象に。

──── ITEM ────

美リップラインを
生み出すブラシ

先端のエッジを使うとリップラインがとりやすく、広い面ならスピーディに塗りつぶせます。KOBAKO リップブラシ（スライド）¥2,800／貝印

カーヴィーなツヤ唇を
つくるグロス

軽やかなタッチで主張のある輝きをまとえる1本。ぷっくりツヤツヤな唇を叶えます。アドバンスドリップス 201 ¥3,200／エスト

Rule 03

HAIR STYLING

実は簡単！
およばれヘアのプロセスを徹底解説

Rule_03

01 ゆるく巻いた髪を耳の高さでハーフアップ

ヘアアイロンで全体の毛先を巻いた後、前髪を8:2に分け、サイドをゴムで結んで。結び目を2cmほど下にずらし、少しゆるめておきましょう。

02 結び目に毛束を通して流行のくるりんぱ!

結び目の上を左右半分に分け、そこに束ねた髪の毛先をくるっと通して毛束を下に引っ張ります。サイドにひねりが入って、手のこんだ印象に。

03 ひとつにまとめてゆるーく三つ編み

結んだ毛束も含め、髪全体をざっくりと三つに分けます。そのままゆるい三つ編みを編んでいき、毛先を残してゴムで結びます。

04 毛束を引き出し、ふんわりニュアンスに

三つ編みにした結び目を片手でおさえ、逆の手でランダムに毛束を引き出します。三つ編みから抜けない程度に、大胆に引き出すとオシャレ!

05 ダブルの黒リボンで シックさと可愛らしさを

03で結んだゴムの上にリボンを巻きつけ、蝶々結びに。さらに、あらかじめ結んだリボンにピンを通し、くるりんぱ部分に差し込んで飾ります。

06 毛先を隠して 大人っぽいまとめ髪に

三つ編みの毛先を持って、うなじ付近に内側へ丸めこみ、広げたアメピンで固定します。これで、ゆるいシニヨン風ヘアが完成！

07 トップに立体感をつけて、 美シルエットをつくります

06でまとめた部分を片手でおさえ、トップから後頭部にかけて毛束をつまみ出し、ボリュームアップ。正面はもちろん、横から見ても美しく！

08 ヘッドアクセをプラスして ドレスアップヘアが完成！

耳の上部にゆるくかかった毛はそのまま、フロントよりヘッドアクセを差し込みます。リボンと同じ黒だから、派手にならず洗練された印象に。

COLUMN #5

スキンケアはメイクの土台です —— 1
スキンケア次第で、メイクの仕上がりは変わります

「もともと、キレイな素肌の持ち主なんだな」と思わせることが今ドキメイクの掟です。そのためにはメイクだけでなく、やはりスキンケアが大事！ 相乗効果で最高の"いい肌"を目指しましょう♪

スキンケアの役割は、肌の基礎能力を高めること。そして、ベースメイクはなりたい肌を演出するもの。たとえるなら「第2の肌」をつくっていると考えましょう。だから、絶対的な美人に近づくには、メイクとスキンケア、両方の相乗効果を引き出すことが大切です。今はメイクでつくった完璧な美肌より、素肌っぽい肌をアピールする時代。メイクの仕上がりを左右するのは、美人なすっぴん肌なのです。そこで目指してほしいのは、みずみずしくうるおって、弾力やツヤがある肌。まずは自分の肌を知ることから始めてみましょう。たとえば「今日はいつもより乾燥してる」「こうすれば毛穴が目立たないかも」など、毎日チェックすると、必要なスキンケアがわかってきます。ここでは、私がおすすめする基本のスキンケアステップをご紹介します。「いい肌ってどんな状態かわからない」「メイクのりが悪い」という人は、基本的なスキンケアで、ていねいに肌を整えてみましょう。ちなみに、朝はスキンケアが終わって、5分ほど経ってからメイクをするのが鉄則。水分や油分がきちっと肌に入り込んでからメイクをすることで、メイクくずれもしにくくなりますよ。

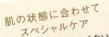

乾きやすい冬は
オイルを仕込む

カサつきが気になるときは、肌が油分不足になっています。化粧水の前後にオイルをプラスして、油分不足を補いましょう。ここで使うオイルの役目は人工の皮脂膜。乾燥が気になるときは、冬以外でもオイルを加えてみて。

1 みずみずしさのもと、水分をたっぷりと

洗顔の後は化粧水をたっぷり。量をケチっていると、美人が遠のきますよ♪ つけ方はコットンを使って顔全体にムラなくなじませるのが基本。目のまわりや口元といった、細かい部位も忘れずに。

肌の状態に合わせて
スペシャルケア

血行が悪くて顔色がよくないときや、顔のむくみが気になるときは、マッサージやマスクといったスペシャルケアをプラス。特別なお手入れをすると、気分も肌も晴れやかに！

2 肌のお悩みを解決するために使って

毛穴、保湿、シミといったお悩みに対応するのが美容液。本当に必要なの？と聞かれることも多いのですが、気になる肌悩みに対応するものを使っていい肌へ近づけましょう！

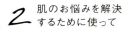

テカリが気になるなら
乳液にスイッチを

皮脂量が増える夏に、テカリやベタつきが気になります。クリームは油分が多いなと感じたら、乳液にスイッチしましょう。水分と油分のバランスに応じて選んでくださいね。

3 朝も夜もクリーム使いするのが美肌への近道

クリームの役目は、油分の膜で肌のうるおいをキープして守ること。夜はもちろん、朝もクリームを使うのがおすすめです。ベタつくのが苦手なら、最後にティッシュオフを。

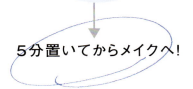

5分置いてからメイクへ！

COLUMN #5

スキンケアはメイクの土台です —— 2
5分でOK！撮影前にモデルに行うスキンケアプロセス全公開

スキンケアのスタートは化粧水
うるおう肌の下地づくり

化粧水はコットンでまんべんなく、そっと拭くようになじませるのがコツ。顔だけでなく、首とデコルテまでなじませます。

夏 毛穴の開きはひんやりパッティングで引き締め！

肌を引き締めることで開いた毛穴がキュッ！ コットンの端を持って、風を送るように下から上にパッティング。

コットンのひんやり感を利用。コットンを2枚に裂いて毛穴の気になるところに2〜3分のせ、さらに毛穴を引き締め。

冬 ローションパックでうるおいを満タンに！

顔全体にローションをなじませた後、うるおいのダメ押しを。コットンを2〜3枚に裂いたら乾燥しやすいところにオン。

頬にのせるときはコットンを軽くのばすのがポイント。目元はギリギリのところに合わせて貼ります。額にものせて。

マッサージで
くすみを払って

肌の状態を上げるために、美容液や血行がよくなるので、くすみや

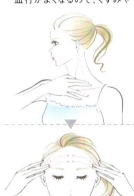

普段、モデルさんにメイクをする前に行っているスキンケアを
ご紹介します！ メイクの仕上がりをぐっと底上げする
お手入れですが、あまり時間はかかりません。ぜひ真似してみて！

血行促進
透明美肌に

→

クリームで乾燥を防いで
ツヤ感を与えます

乳液をなじませながらマッサージ。むくみ対策にも効果的です。

クリームで適度に油分を補うことで、肌がふっくら。
自然とツヤツヤした状態に見えます。
乾燥しがちな部分は専用クリームを使うことも。

美容液や乳液の油分が手に残っている状態でスタート。まずは耳下のくぼみから鎖骨に向けて、やさしくさすります。

次に、額の中央からこめかみへ、指の腹で数回マッサージ。額は意外にむくんでいるので、ここを開くとすっきり。

クリームは手のひらで顔を包み込むようにして肌にしっかりとなじませて。うるおいがあるとメイクもちもアップ！

目のまわりや口角など、乾燥しやすいところにポイントで重ね塗りします。メイクに響かないよう、量は少なめに。

鼻筋、小鼻、頬、あご先へと進みます。肌を引っ張らないように気をつけて、なでるようにゆっくりマッサージ。

↓

**リップクリームを塗って
フィニッシュ！**

あご先からフェイスラインを持ち上げながら耳下へ。最後にもう一度、首のサイドをやさしくマッサージして終了！

スキンケアの締めはリップクリーム。ここでリップクリームをたっぷり塗っておくと、口紅を塗る頃にしっとりとした唇に整います。

COLUMN #5

スキンケアはメイクの土台です――③

こんなときはどうしたらいい？
メイク前のSOSケアが知りたい！

朝起きたら顔がむくんでいた、思っているより肌が乾燥している
など、肌がイマイチのときのレスキューテクを伝授！
いつものスキンケアにプラスワンステップで美人度を回復させましょう。

こんなんじゃ人前に出られない!?

朝起きて、鏡を見て「ガーン！」とショックを受けることってありますよね。肌がカサついていたり、顔がパンパンだったり……。そんなときは慌てず騒がず、SOSケアをプラスしましょう。目的は肌や顔色をニュートラルな状態に戻すこと。ちょっと面倒かもしれませんが、メイクで何とかするよりも、スキンケアで肌の下ごしらえをしておくほうが、ずっとキレイな肌に仕上がります。

Q むくみがひどいときは？

手をグーの形にしたら第2関節を耳の下に当てます。そこから鎖骨までぐっと力を入れながら、ゆっくり下ろして流れをよくします。

むくみ対策はマッサージがいちばん！ただし、肌の表面ではなく、筋肉にアプローチするように、ぐぐーっと圧をかけるのがコツです。肌の奥で滞っている余分な水分を、圧をかけながら少しずつ押し流すイメージで行いましょう。

頬骨の下、3箇所ほどをプッシュ。このときも筋肉にぐーっと圧をかけるように。その後、鼻横から耳前にかけて3回ほどマッサージを。

Q 目元がはれぼったいときは?

目元をすっきりさせたいときは、洗顔する前にホットタオルで目元を温めておきます。その後、いつものスキンケアが終わったら、目元のマッサージを。こめかみからスタートし、目尻、目頭、眉骨に沿って、こめかみをプッシュ。そこから耳前を通って、耳下のくぼみへ。さらに、鎖骨まで下ろして鎖骨のくぼみに流します。はれぼったさがなくなるまで数回繰り返しましょう。

こんなテクがあったんだ!

Q 肌がガサガサのときは?

肌が乾燥していると、メイクのりも悪くなりますよね。そんなときは、とにかく肌を温めて! 温めながらうるおいを与えて、肌の表面を少しずつほぐすことを意識しましょう。肌表面がほぐれると、スキンケアの浸透もアップして、メイク前にはふっくら感が復活しているはず。ちなみに、肌が炎症を起こすくらい乾燥しているときは、マッサージは避けるのがベターです。

カサついた肌に無理なお手入れは禁物! オイルを使って肌をほぐしましょう。手のひらにとりよーく温めて。

手で温めたオイルをたっぷりとなじませます。肌をこすらないよう、手のひら全体で顔をそっと包むようにして。とくに乾きやすい頬と目のまわりを重点的に。

COLUMN #5

スキンケアはメイクの土台です──4

尾花さん厳選！
スキンケアカタログ

メイクの前にいつも使っているのが、これらのスキンケアアイテム。
肌状態に合わせて使い分けています。
肌を整え、メイクに影響しないことがコスメ選びのポイント！

肌が目覚めるような
心地よさが魅力

拭き取りと保湿がこれ1本でできる便利な保湿液。香りがいいので、朝に使うと肌がシャキッと目覚めるよう。肌にうるおいとツヤが溢れます。スキンチューナー コンディショニング［医薬部外品］150ml ¥3,800／RMK Division

肌をワントーン
明るく見せる乳液

乳液ですが、うっすらとした色つきでパール感も。肌の補正効果があるのもうれしい。とくに、くすみが気になるときにおすすめ。肌が明るく！ カプチュール トータル ドリームスキン 30ml ¥12,000／パルファン・クリスチャン・ディオール

オイルとは思えない
軽さで元気な肌に！

肌が乾燥しているときにプラスするならこちら。栄養がたっぷり入っていながら、さらりとした軽い使用感。一日中、うるおいに満ちた元気な肌が続きますよ。キールズ デイリー ボタニカル コンセントレート 30ml ¥6,000／キールズ

メイク下地としても
使えるクリーム

肌を守る保護膜となってくれる使い心地。長年、信頼を寄せているクリームです。下地としても使えるので、メイクボックスの中にいつも入れています。アンブリオリス モイスチャークリーム 75ml ¥2,800／アンブリオリス・ジャパン

肌のもっち り感を
アップさせる美容液

保湿力の高い美容液。美容液とはいえ化粧水のように使えるテクスチャー。肌質や季節を問わずにきちんと保湿してくれるので、どんな肌質の人にもおすすめできるアイテムです。スキンチャージ PWエッセンス 30ml ¥5,000／イプサ

ツヤ肌をつくる
マル秘アイテム！

女優さんのようなリッチで品のあるツヤ肌をつくるには、実はファンデーションよりクリームが重要！ 肌表面を整えて、ツヤ感が溢れるような美肌に仕上がります。ルナソル グロウイングデイクリーム 35g ¥5,000／カネボウ化粧品

キメが整って
気分もアガる化粧水

ふんわり広がる精油の香りが本当に心地いい！ 気分が高揚して美人スイッチをオンにしてくれる化粧水です。キメをぴちっと整えて、毛穴が目立たない引き締まった肌になります。バランシング ローション 140ml ¥5,800／THREE

ベタつきが苦手な
人にもおすすめしたい

重さが気にならないクリームなので、朝のスキンケアで使ってもメイクに響く心配なし。ベタつきを感じせず、クリームが苦手な人でも使いやすいと思います。デイケアクリーム バランシング 40ml ¥5,500／ジュリーク・ジャパン

ここぞ！ という日に
肌を格上げしてくれる

小ジワやハリのなさといったお悩みも解消できるマッサージマスク。マッサージ用として常備しておくと何かと出番が多いはず。リッチなツヤが出るのでドレッシーな肌に仕立てたい日に使って。セルジェニー リピッドオイル マスク 130g ¥8,000／コスメデコルテ

うるおいに満ちたツヤ肌に仕上げよう

Rule
04

愛され顔になりたい日の
尾花流・
ピュア色っぽメイク

彼と一緒にのんびりと過ごす休日。いちばん美人でいたいけれど、バッチリメイクはトゥーマッチ。頑張ってつくり上げた可愛さをアピールするよりも、彼だけに許す隙を見せるほうが断然可愛いと思いませんか？ すっぴん風のリラックスメイクで、ピュアな可愛らしさとほんのりとした色っぽさを漂わせて、愛され顔を狙っちゃいましょ♡

ピュア色っぽメイクの基本ステップ

メイクしているなんて感じさせないくらいのナチュラル感が大事！
ツヤっとした生っぽい肌を主役にすれば、ピュアで可憐な雰囲気が手に入ります。

生っぽい肌って何だかいい感じ〜♪

STEP 1
BASE
下地 →P87へ

透明感とうるおいに
溢れる肌に整えます

ピュアな肌はファンデを使わずに仕上げます。代わりに使うのはツヤ下地。うるおいを感じさせることを最優先しましょう。

STEP 2
CONCEALER
コンシーラー →P88へ

隠すべき色ムラは
コンシーラーでカバー

いくらすっぴん風でも、肌のアラは隠しておくのが美人メイクのたしなみ。ポイントをおさえることで、自然な仕上がりに！

STEP 3
CHEEK
チーク →P91へ

ぽっと上気している
血色感でピュアに♥

チークは、血色感を肌に溶け込ませるくらい、うっすらと。照れたり、ドキドキして上気したような仕上がりを目指して。

STEP 4
POWDER
パウダー →P92へ

極々うっすらと
のせてキメ肌に

肌は粉っぽさを感じた途端にメイク感が出るのでご注意を！バレない程度にごくうっすらとお粉をのせて肌の透明感アップ。

STEP 5
EYE SHADOW
アイシャドウ →P93へ

ほんのりピンクの
ニュアンスで可愛く！

アイシャドウはほんのりと。ピンクのニュアンスで、それとなく色っぽさをプラス。パールの光でうるんだ瞳に見せて。

STEP 6
EYE LINE
アイライン →P94へ

ちょっとタレ目風な
ラインで甘えた顔に

キャットラインはキャットラインでも、愛され顔で目指すのは子猫の目！ 子猫みたいなタレ目はアイラインでつくります。

STEP 7
MASCARA
マスカラ →P95へ

マスカラを重ねて
タレ目っぽさを強調

ラインでつくった子猫風タレ目をマスカラ使いでさらに強調。その秘策は、まつ毛の上側からマスカラを重ね塗りすること！

STEP 8
EYE BROW
眉 →P96へ

眉頭はノータッチで
ふわっと&ぽわっと

ピュアなイメージに仕上げるのにいちばん効果的なのは、眉頭をふわっと仕上げること。一気にあどけない顔になれます。

STEP 9
LIP
リップ →P98へ

キスを誘う、うるピュアな唇に♪

ピュアな唇に必要なのは、ちゅるんとしたうるおい感だけ。ほんのり色づくリップクリームをのせるだけでOKです。

Rule_04 STEP #1

BASE
—下地—

生っぽい肌は下地で仕込もう

これにチェンジ

ポール & ジョー
モイスチュアライジングファンデーション
プライマー S 03／ポール & ジョー ボーテ

01 美容液タイプの下地を顔全体に広げます

顔全体がツヤっとしていると、うるおい感やぷるんとしたハリ感を演出できます。美容液タイプの下地を顔にのせたら、スキンケアするように全体に広げます。

02 手の温もりを利用して肌に密着させましょう

顔全体に下地を広げたら、手のひらでそっとおさえて、下地を肌に密着させます。このステップこそ「生っぽさ」を生み出すポイントなので、絶対にお忘れなく！

顔全体に使う量は1円玉くらい

下地は顔全体で1円玉大が目安。薄く均一に広げることが生っぽい肌には大事なので、「少なめかな？」と思うくらいでもOK。

ITEM

生っぽいツヤ肌を生む美容液下地

うるおいを感じさせるツヤで、素肌自体がキレイな人に。モイスチュアライジング ファンデーション プライマー S 03 30ml ¥3,500／ポール & ジョー ボーテ

Rule_04 STEP #2

CONCEALER
―コンシーラー―

肌の色ムラだけは隠すのが正解!

ピュア肌づくりの要!

上まぶた
上まぶたがくすんでいると、目元全体がパッとしない印象に。上まぶたは明るく整えて。

目の下〜頬の三角ゾーン
クマ、赤み、毛穴といった色ムラが目立つのがこのゾーン。面積が広い部分なので、肌色を均一に整えましょう!

小鼻の横
いちばん赤みが出やすいのがここ。この赤みは生っぽいピュア肌には必要ないので、コンシーラーで隠しきりましょう。

○ コンシーラーをのせるところ
// コンシーラーをのばす範囲

コンシーラーはこの範囲に
ピュアな肌で大事にしたいのは肌の「透け感」。だからコンシーラーを広げるのは最低限の範囲にとどめて。横顔に本当のすっぴん部分を残すのが生っぽさのキモ!

お泊まりのときにもささっとできちゃうよ!

―――― ITEM ――――

ツヤを残しつつカバーができる!
ファンデなしでもOKな肌がつくれるコンシーラー。フィックスイット 002 ¥4,200／パルファン・クリスチャン・ディオール

これを使用!
ディオール
フィックス イット
002

01 目の下に3本のライン を描くようにのせて

スティックタイプのコンシーラーは広い面積をカバーできるのが魅力。頬の高い位置をまんべんなくカバーできるように、3本のラインを描くようにのせていきます。

02 小鼻の赤みは指先 を使ってていねいに

赤みが出がちな小鼻の脇はくぼんでいるのが難点。指の先端を使い、クルクル毛穴をカバーし、ポンポンとたたくようにしながらなじませて!

3本のラインを指の腹ですーっと広げて
肌にのせたコンシーラーは指の腹を使って広げます。力を入れず、すーっと広げるのがコツ! 範囲は左ページの赤線内にとどめます。

コンシーラーは直塗りでもOK
色みが強い部分はしっかりコンシーラーをのせる必要あり。コンシーラーは直塗りし、きちんと赤みを消すのがコツです。

Rule_04 STEP #2

CONCEALER
コンシーラー

これを使用!
ディオール
フィックス イット
002

03 上まぶたにも直塗りします

目元がくすんでいると疲れた顔に見える可能性大。ピュアな顔を目指すなら、気を配りたいパーツです。コンシーラーをちょんとのせたら指でまぶた全体になじませて。

04 パッティングして生っぽさアップ♪

コンシーラーを肌にフィットさせるためにパッティング。コンシーラーがこすれると取れてしまうので、肌に対して垂直にスポンジを当てるのがコツ！ コンシーラーをのせていないところとの境目もなじませます。

細かい部分もパッティング!

小鼻のまわりや口角といった、細かい部分もお忘れなく。スポンジの先端を使って軽くポンポンとパッティングしてなじませます。

Rule_04 STEP #3

CHEEK
―チーク―

ぽっと上気したような、血色感をほのかにプラス

これを使用!
ヴィセ リシェ
リップ&チーク クリーム
PK-4／コーセー

01 血色が足りない人だけ うっすらとのせて!

すっぴん風メイクのときは、チークはなくってもよし! どうしても血色を足したい人だけうっすらとのせましょう。のせ方は基本テクと同じだけど量は半分くらいに。

02 頬骨のちょい上に ぼかすワザも!

ピュアな可愛らしさがほしいとき、チークは基本の入れ方よりもほんの少し上に。頬骨の上側にのせることで、あどけなさが演出できます。

Rule_04 STEP #4

POWDER
—パウダー—

お粉は肌表面に極ふわっとのせて

THREE
アルティメイトダイアフェネス
ルースパウダー グロー 02

01 パフをすべらせながら さーっとのせます

パウダーは肌の表面をさらっと整えるくらいにとどめるのが正解。パフの面全体を肌に当てて、顔に沿ってすべらせるくらいで十分！

02 パウダーをのせて いい場所を確認！

本当のすっぴん部分のツヤと、コンシーラーに借りたツヤ。その2つを残すことが、何より生っぽさのカギに!! パウダーは頬や額など広い場所にだけのせましょう。

パウダーはパフに よ〜くもみ込んで

生っぽい肌の大敵は粉っぽさ。だからパウダーはパフによーくなじませることが重要です。手の甲にパフを当ててもみこんで、パフの内側に含ませます。

Rule_04 STEP #5

EYESHADOW
―アイシャドウ―

ピンクベージュでほの甘い目元に

これにチェンジ
ヴィセ リシェ
グロッシーリッチ アイズ
PK-3／コーセー

01 ほんのりパールで
うるみ感を演出して

生っぽい肌の中に色みをのせると、目元だけ悪目立ちする可能性大。だから光をふわっとのせる、くらいの仕上がりに！ パレット右上の色を指にとって薄く均一にのせます。

02 ボルドーで色っぽさ
をトッピング★

色っぽさを足したいときは、色の力を拝借。下まぶたの目尻側1／3の範囲にパレット左下のボルドーを細チップでふわり。

下まぶたにものせて
うるみ感を強調
下まぶた全体にパレット右上のピンクベージュをオン。太チップの先端を使い、目の輪郭にそって細めに入れるのがポイント。

ITEM
色っぽさを
プラスできる！
肌なじみのいいバーガンディーカラーをセット。ヴィセ リシェ グロッシーリッチ アイズ PK-3 ¥1,200（編集部調べ）／コーセー

Rule_04 STEP #6

EYELINE
―アイライン―

タレ目風のラインを仕込んで甘え顔に♥

これにチェンジ

ルナソル
スタイリングジェル
アイライナー 03
／カネボウ化粧品

ヴィセ リシェ
グロッシーリッチ
アイズ PK-3
／コーセー

01 目の輪郭を延長する ようにラインを描いて

まずは黒目の外側から目尻まで、目のキワに沿ってラインを。目を開けた状態で、上まぶたの輪郭を延長させるようにしてタレ目ラインを入れます。長さはお好みで！

02 締め色シャドウを重ねて ラインを密着させます

01で描いたラインの上に細チップでパレット右下のブラウンを重ねます。ラインがほどよくなじむほか、シャドウを重ねることでより密着。メイクのにじみ防止にもなるのでずっと可愛くいられます。

ITEM
明るめブラウンで
自然に引き締め

ライトブラウンですっぴん風の目元に。ルナソル スタイリングジェルアイライナー 03 ¥3,000（セット価格）／カネボウ化粧品

ナチュラルなタレ目
で優しいまなざしに

もとの目の形を延長させることで、わざとらしさのないタレ目メイクが完成。もとからタレ目かなと思わせる仕上がりを目指して♡

Rule_04 STEP #7

MASCARA
—マスカラ—

ラインと同化させるひとテクをプラス！

これを使用！
メイベリン
ボリューム エクスプレス
ハイパーカール スパイキーコーム
ウォータープルーフ 01

01 まずは基本通りに
全体にパノラマ塗り

上下ともにビューラー、マスカラを基本通りに塗っていきます。あまり盛りすぎると不自然なので、量はさらっとでOK。ただし、パノラマに広がるように意識するのは基本通り。

02 目尻側だけ上からも重ね、
さらにタレ目風に

マスカラは仕上げのひと手間をプラス。目尻側だけ、まつ毛の上側からマスカラを重ねてカールをゆるめます。外側のまつ毛がタレ目ラインと一体化するように意識して。

Rule_04 STEP #8

EYEBROW
―眉―

眉頭はノータッチでふわっと仕上げ

これを使用！

ケイト
デザイニングアイブロウN
EX-4／カネボウ化粧品

01 たまり〜眉尻まで
パウダーをのせましょう

くっきり眉だとせっかくのピュア感がダウン！ 眉は毛が薄くなっているところだけにふわっとパウダーをのせる程度に。パレット中央の色を毛のたまりから眉尻までのせます。

02 パウダーをのせた
ところをぼかします

パウダーをのせたところと、のせていないところ、その境目をスクリューブラシでぼかします。ブラシを眉頭の下に横に当て、数回往復させて。これでナチュラル感がアップします。

これを使用！

THREE
アルティメイトダイアフェネス
ルースパウダー グロー 02

03

フェイスパウダーを
重ねてふわっと感を強調

ほんの少量のパウダーをパフにとっ
たら、眉をそっと抑えるようにのせ
ます。描いた眉を落ちにくくするの
が目的ですが、パウダーの粉っぽさ
で眉がふんわり見える効果もあり。

ピュアな顔って
計算したメイク
が必要なんだ！

Rule_04 STEP #9

LIP
—リップ—

ふわっとやわらかそうな唇に見せるのがカギ!

これにチェンジ

ベアミネラル
ポップ オブ パッション
リップカラー オイル
バーム ピーチ パッション

エテュセ
リップエッセンス
(ディープモイスト)

**色つきのリップクリーム
をさくっと塗るだけ!**

すっぴん風メイクなので、唇に過剰な色ツヤは必要ありません。その代わり、きちんとうるおっていることが絶対! 高保湿タイプのリップクリームを塗った後、ほんのりピンクの色つきリップバームを重ねましょう。

\唇カサカサ
キャー!/

唇のカサカサがひどいときは、リップエッセンスを全体にたっぷり塗って数分放置。エッセンスが唇になじんだら、ゆるんだ唇の皮を巻きつけるように綿棒をくるっと回転させてオフ。これでツヤっとぷるぷるのリップが復活♥

ITEM

**ほんのり色づく
バームスティック**

バームならではのツヤが◎。ポップ オブ パッション リップカラー オイル バーム ピーチ パッション ¥2,800／ベアミネラル

**カサカサした
唇もしっとり♪**

濃厚なテクスチャー。カサつく唇もしっとり&ふっくら。リップエッセンス (ディープモイスト) SPF18・PA++ 10g ¥1,200／エテュセ

Rule
05

「おしゃれだね」って
ほめられたい日の
尾花流・
ちょいモードメイク

男性とデートするときよりも、女友達と遊ぶときのほうがおしゃれに気合いが入る。それって女ゴコロの本音のひとつですよね。女同士だからこそチェックも厳しいし、ささいな変化だって発見してもらえるもの。「いつもおしゃれだよね」なんてほめ言葉がほしいときは、ちょっとだけモードっぽく、カッコイイメイクはいかがですか？

ちょいモードメイクの基本ステップ

ちょっとだけ頑張って覚えよう〜

女子ウケを狙うなら「ちょっとだけモード」「ちょっとだけクール」etc.。
この"ちょっとだけ"のさじ加減がメイクの大事なポイントです。

STEP 1 BASE
下地 →P103へ

**透明感&小顔を狙った
ベースづくりがカギ!**

ブルー系の下地を使うことで透明感とクール感のある雰囲気に。顔中央だけに塗って小顔印象を手に入れて。

STEP 2 FOUNDATION
ファンデーション →P104へ

**肌のアラをしっかり
隠して隙なし美肌に!**

今回提案しているメイクの中で、もっともきちんとファンデーションを塗るべきメイクはこれかも。肌のアラは隠しきって!

STEP 3 HIGH LIGHT
ハイライト →P107へ

**立体感を引き出して
メリハリ顔に!**

モードっぽさやおしゃれっぽさを演出するにはハイライトがマスト。ポイントづけで光を操り、メリハリ感を出しましょう。

STEP 4 POWDER
パウダー →P108へ

**肌の質感を決めるのは
パウダーののせ方にあり**

ツヤ肌というより、ハーフマットな肌に仕上げることもモード感を添えるポイント。ファンデ以上にパウダーの使い方は重要です!

STEP 5 EYE SHADOW
アイシャドウ →P109へ

**単色シャドウでまわりと
差がつくおしゃれEYE**

おしゃれっぽさを決定づけるのは、メイクのどこかに抜け感を残すことにあり。だから、アイシャドウは単色使いがぴったり。

STEP 6 EYE LINE
アイライン →P110へ

**ワザありアイラインで
勝手に彫り深メイクに!**

おしゃれ顔を楽しむなら、ちょいハネラインに挑戦を! ラインをシャドウでぼかす、ちょっとしたテクで彫り深も叶えます。

STEP 7 MASCARA
マスカラ →P112へ

**あえてビューラーなし!
流し目風のまつ毛がいい**

おしゃれ感を前面に出すメイクに、ぱっちりカールしたまつ毛はミスマッチ。思い切ってビューラーなしで仕上げましょう。

STEP 8 EYE BROW
眉 →P113へ

**眉マスカラで毛流れを
整えてキリッと顔に**

眉の毛流れをシャープにすることで、また違った顔に出会えます。透明の眉マスカラで毛流れを整えるだけでOKですよ。

STEP 9 LIP
リップ →P114へ

**チークの前につけて
全体のバランスを確認**

赤リップのようなインパクトのある色を口元に使いたいときは、チークよりも先にリップを塗るのが、失敗しないコツ!

STEP 10 CHEEK
チーク →P116へ

**骨格をキレイに見せる
チークで美人度アップ!**

チークは色みを感じさせないベージュ系を。これは、骨格をキレイに見せることが目的。しかも、小顔効果も狙えるんです。

Rule_05 STEP #1

BASE
―下地―

ブルー系下地を操ってに透明感と立体感をアップ！

これにチェンジ

イプサ
コントロールベイス
ブルー

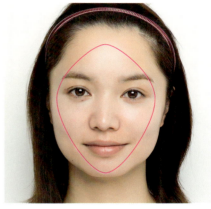

01 顔の中心にだけスタンプ塗りします

下地を指にとってポンポンとスタンプを押すようにのせていきます。のせるのは顔の中心だけ！　すると、顔の中心に自然と立体感が生まれ、小顔に見える効果もあるんです。

02 顔中心のダイヤゾーンに広げてなじませます

ブルー系の下地を使うコツは範囲を限定して、フェイスラインまでのばさないこと。フェイスラインまで広げると、逆に顔が膨張して顔が大きく見えてしまいます。

ITEM

肌の透明感と立体感を引き出すブルー系下地

うるっとした肌に整える下地。ブルーの効果で透明感や立体感がアップ。コントロールベイス ブルー SPF20・PA++ ¥2,300／イプサ

下地を広げるときはスポンジを使って！

スタンプ塗りで下地をのせた後、ダイヤゾーンに広げるのはスポンジの仕事。面で広げることで時短にも！

Rule_05 STEP #2

FOUNDATION
―ファンデーション―

完璧な美肌をつくるのは、秘技"ワイパー塗り"!

これを使用!

RMK
クリーミィ
ファンデーション N

この範囲にのせます

01 ファンデはカバーすべきところに適量を

ファンデをのせるのは上の写真の1、2、3の位置。カバーすべき色ムラや毛穴が多い場所です。ファンデをのせたら指でつなげながら往復させてフィット。厚塗りにならずメリハリもアップします。

02 薬指で繊細にポンポンしながら密着させます

フェイスラインに広げたら、薬指でポンポンと叩くように密着させます。ダイヤゾーンと横顔の境目もここでぼかしながら少し広げて。

薬指は指全体を
使うのがプロのワザ!

ファンデを指で広げるとき、指先だけを使っていませんか? 実は、指全体を使って面でなじませるのが美肌のコツ。

03 ファンデを
少し足して額にオン

薬指の指先から第2関節に広がる程度の量のファンデを足します。額の中央に「小」の字を書くようにスタンプ塗りしたら、そっと広げて。こめかみ周辺は薄くてOK。

04 顔全体をしっかり
パッティングして完成

ファンデを広げ終わったら、顔全体をもれなくパッティング。スポンジの広い面を使います。フェイスラインと首の境目は、スポンジをすべらせて、自然になじませます。

鼻筋とまぶたは額から続けて

額にファンデを塗った後、指に残っている分を鼻筋と上まぶたにオン。ここは薄めにしても大丈夫。

ファンデの"薄重ね"で完璧カバー

ちょいモードメイクでは、コンシーラーを使わずにファンデの"薄重ね"で隙なし美肌に仕上げます。ファンデを一層一層、密着させればアイテムを追加しなくても、きちんと肌のアラはカバーできます。重ね塗りしても、ちゃんとパッティングすれば、ムダな厚みが出る心配もありません!

目の下のクマなど色ムラが目立つところにオン

顔全体にファンデーションを広げた後、一度、鏡でチェック。目の下のクマや小鼻の赤みといった色ムラが気になるところは、指先でポンポンとファンデを重ねます。

くずれやすい3大ポイントにひと手間加えて美肌をキープ

目のまわり、口のまわり、鼻のまわりがくずれやすいポイント。共通しているのは皮脂が出やすいこと、凹凸があること、動きが多いこと。だから時間が経つとファンデがたまりやすく、まさにくずれやヨレの震源地に! だからこそスポンジの先端を使って、細部にひと手間加えることが完璧美肌づくりのポイントになるのです。

Rule_05 STEP #3

HIGH LIGHT
—ハイライト—

効果的に光を集めて、さらなる立体感を!

これを使用
RMK
グロースティック

01 ハイライトもスタンプ塗り
ならさりげなく仕上がる!

もとの骨格の立体感を利用するのが、失敗しないハイライトのポイント。まずは、光を受けやすい目尻下、頬骨の上に、指でポンポンと2〜3か所、点で置いていきます。

02 目頭と鼻筋の間にも
ハイライトを効かせて

次に、目頭部分にもハイライトを。ここにハイライトをのせることで顔全体の透明感までアップ! ただし、ハイライトを入れているとわからないくらい薄くするのがお約束。

ハイライトは指先にとってからのせて!
ハイライトの光は「点」でのせるのがまわりと差をつける洗練ポイント。必ず指先にとってから!

顔のカーブに逆らわず、くぼんだ部分をセレクト
ハイライトをのせるのは目頭と鼻筋の間です。少しだけくぼんでいる部分を探してみてください!

Rule_05 STEP #4

POWDER
—パウダー—

パウダーはブラシづけしてツヤ感を引き出して

これにチェンジ　これを使用!

KOBAKO
ファンデーション
ブラシO／貝印

THREE
アルティメイトダイアフェネス
ルースパウダー グロー 02

01　大きめのストロークで
　　ふわりとのせていきます

パウダーをブラシにとったら、よくなじませます。顔の外側→内側→外側と、往復させながら大きく動かすようにのせて。力を入れず、ふわっとのせるがポイント。

02　次は、額〜鼻筋まで
　　一連の流れでのせます

額も同様にブラシを左右に大きく動かして、パウダーをのせます。額から続けて、鼻筋にもすーっとのせたら、そのまま小鼻のまわりに。小鼻は細かく上下に動かします。

03　最後はフェイスラインを
　　ひとはけしておしまい!

フェイスラインにもパウダーをのせて、隙なし美肌のフィニッシュ！　鼻の下、耳下〜あご先〜反対の耳下と、何度か往復させながら、さらりとパウダーをのせます。

ITEM

**極薄でパウダーを
のせられる!**

ふんわりと仕上げたいときにおすすめ。顔の凹凸にフィットして毛穴もカバー。KOBAKO ファンデーションブラシO ¥3,500／貝印

Rule_05 STEP #5

EYESHADOW
―アイシャドウ―

単色塗りでモードっぽいおしゃれ顔を演出！

これにチェンジ
資生堂
シマリング クリーム アイカラー
BE728／資生堂インターナショナル

01 目尻側は水平にぼかして陰影のあるクールな表情に

クリームシャドウを指にとり、上まぶたの中央にのせます。アイホール全体に均一になるように広げたら、最後は目尻側は、真横にすっとぼかすようにして陰影感を演出します。

02 下まぶたには綿棒を使って細く慎重にのせるのがカギ

下まぶたはアイシャドウを綿棒にとってオン。このとき、綿棒を往復させて、下まぶた全体に極細く入れるのが大切。ここまでのステップで目元が彫りの深い印象に変わります。

ITEM

自然と陰影感の出るおしゃれベージュ

単色使いでも目元の陰影を引き出せる。資生堂 シマリング クリーム アイカラー BE728 ¥3,000／資生堂インターナショナル

クールな表情は目の横幅を強調して演出

横幅のある目の形はそれだけでクールな雰囲気に。だからアイシャドウを塗るときは目の横幅を出すように意識するのがポイントです。

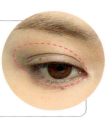

Rule_05 STEP #6

EYELINE
―アイライン―

ブラウンのライナーを使って、おしゃハネラインに！

これにチェンジ
インテグレート
キラーウインクジェルライナー
BR610／資生堂

ココから

01 まずは黒目の上から目尻の長さを調整していきます

一気にラインを引くのは御法度！ 少しずつ慎重に描きましょう。まずは黒目中央の上から目尻まで。伏し目の状態で描きます。目尻側は7mmほど長めに、水平ぎみに伸ばします。

02 ラインの先端から目尻のキワへ三角形を描くようにつなげて

01で描いたラインの先端（目尻より7mm外側）から目尻ジャストの位置をめがけてラインを描きます。隙間ができていたら、その隙間を埋めながら小さな三角形を描く気持ちで。

ITEM

ハネラインには
ブラウンを使って

するするとしたなめらかなタッチがグッド。インテグレート キラーウインクジェルライナー BR610 ¥950（編集部調べ）／資生堂

03
綿棒で黒目上の描き始め部分をなじませます

黒目上のラインのスタート地点をぼかします。黒目上から目頭に向けて、スッと綿棒を動かします。力を入れるとラインが取れてしまうので、繊細な力加減で行って。

04
下まぶたのラインは線ではなく点で入れるのが正解

下まぶたはまつげの上側からライナーを差し込んで、ちょんちょんと点で入れます。これはまつ毛が濃く見える効果もあり！ 線で入れると囲み目になるのでご注意を。

ラインの下部分も綿棒で整えてシャープに！
キリッとしたラインに仕上げるコツがこれ。綿棒で目尻のハネラインの下側をキレイに整えて。

おしゃれハネラインの完成図がこちら！
伏し目で描くことで、わざとらしさのないハネが完成。目元がキュッと上がって見えたら成功！

Rule_05 STEP #7

MASCARA
―マスカラ―

ビューラーなしで塗ることでアンニュイな流し目風に

これを使用！
メイベリン
ボリューム エクスプレス
ハイパーカール スパイキーコーム
ウォータープルーフ 01

01 マスカラは涼しげな目元を
手に入れるのが目標です

あえてまつげを上げないことでアンニュイな表情に。マスカラは目尻が重要。目尻側のまつ毛が顔の外側に向かって流れるように重ね塗りすることで、涼やかな印象に。

02 下まつ毛にもマスカラを
きちんと塗ります

マスカラは下まつ毛全体にていねいに塗っておくと、点で入れたアイライナーとの相乗効果で、下まつげが濃く見える効果も！　ちょっぴり外国人風に見せてくれます。

Rule_05 STEP #8

EYEBROW
—眉—

まわりと差をつけるツヤ眉仕上げでカッコよく!

これを追加!
セザンヌ
クリア マスカラR

01 眉全体にクリアマスカラを塗って毛流れを整えます

色がつかないクリアタイプのマスカラを眉全体にオン。下向きに寝ている毛を起こすよう、上向きにつけていくのがポイントです。表情もきりっとシャープに変化!

02 眉山から眉尻も下から上に向けて塗ります

眉の毛が下を向いて生えている眉山から眉尻にかけても、上に向かって眉マスカラを塗ります。無理に起こそうとせず、ツヤをからめる感じでさっと塗ればOKです。

眉はマスカラの前に基本通りに描いてね

ITEM
ツヤのある仕上がりになる
透明マスカラ

透明のマスカラは眉に使っても自然。1本持っておくと便利に使えるアイテムです。クリア マスカラ R ¥400／セザンヌ化粧品

Rule_05 STEP #9

LIP
—リップ—

唇をボルドーで染めて、大人っぽい表情に

これにチェンジ

レ・メルヴェイユーズ
ラデュレ
リップ ステイン 01

01 下唇の中央にポンポンとのせていきます

濃い色のリップで唇自体を染めたように仕上げるコツがこれ！ ぐいっと塗るとケバい印象になるので、まずは中央にポンポンとのせて指で少しずつ広げていきます。

02 上唇もポンポンのせて濃さを調整しましょう

上唇も中央にポンポンとのせて指でぼかしていきます。唇を染めるようにフィットするティントリップは、少し薄いかなと思うくらいの量からつけ始めて濃さを調整します。

少しずつ、リズミカルに広げていきましょう
リップをのせた後、一気に広げてしまうと、にじんだだけに見える可能性が。指で少しずつ広げて。

ポンポン

上唇の輪郭はちょっとじんわりすると可愛い
ティントリップの魅力は、じんわりとした仕上がり。上唇の輪郭は、はっきりさせないほうがおしゃれ。

03 広げる範囲はもとの唇より ちょっと大きめにすると◎

濃いリップを塗ると、口が小さく見えてしまうことも……。そこで、リップを広げるときは、もとの唇よりも少しはみ出すくらいがベター。ぷくっとした唇が目標です。

色っぽい空気をまとって女性らしさをアピール!

ITEM
カシス色でほんのり女性らしさを添えて

唇が染まったような色づきが魅力。フィット感がよく落ちにくい。
リップ ステイン 01 ¥2,500／レ・メルヴェイユーズ ラデュレ

Rule_05 STEP #10

CHEEK
— チーク —

ベージュチークをひとはけして立体小顔に！

これにチェンジ！

アディクション ビューティ
ブラッシュ
ネイキッドライズ

KOBAKO
フェイス
ブラシO／貝印

01
ベージュチークは頬骨を なでるようにのせます

ベージュ系チークは色を出すというよりもローライトとして考えて。骨格をキレイに見せるのが目的です。大きめのブラシで頬骨の下側をなでるようにひとはけしましょう。

02
黒目下から折り返して 耳前までもうひとはけ

黒目下まできたら、そこから耳に向けて折り返します。ベージュチークは入れていることがわからないくらいのうっすら感が成功のカギ。ブラシを一往復させるくらいで十分。

チークをのせる 位置はここ！
骨格に沿って入れるチークは、範囲はやや広め。ただし、黒目よりも内側にチークが入らないように注意を。

― ITEM ―

ソフトに発色する やさしげベージュ
肌と自然になじむやさしい色合いのベージュで骨格を強調。ブラッシュ ネイキッドライズ ¥2,800／アディクション ビューティ

幅広くふんわりと のせられるブラシ
幅が広いブラシなら、ワンストロークでふんわりチークがのせられて失敗知らずに。KOBAKO フェイスブラシO ¥5,500／貝印

Rule
06

コンプレックスを克服して絶対的美人に 尾花流・お悩み解決テクを公開

ここからは、さまざまなお悩みやコンプレックスをメイクの力で解決していきましょう。目が小さい、眉が不揃い、鼻をもっと高く見せたいなど、お悩みも疑問もあって当たり前！ もっと美人に近づきたいと思う気持ちこそ、メイク上達への大きな第一歩！ ちょっとしたテクニックをプラスすることで、美人度って急激に上がるんです。それこそが、メイクの力、楽しさですから♪

Rule_06

毛穴レスな肌になりたい！

10代から50代まで多くの女性を悩ませるのが毛穴モンダイですが、メイクで頬の開いて見える毛穴をカバーすることはできます。解決策は下地＆ブラシ使い！　毛穴をふわっと隠しましょう。

1

毛穴用の下地を使って目立つ毛穴を隠します

解決策のひとつめは下地。開いた毛穴を埋めて、フラットにしてくれるものを使います。塗るのは毛穴が目立っているほんの狭い範囲だけ。周囲はしっかりぼかします。

2

パウダーのくるくるづけで上から下から毛穴をカバー

毛穴というものをよく観察すると、下に向けて開いていることが多いもの。だから影ができて目立ってしまうのです。そこでブラシ。ファンデ後に細かい円を描くように動かして、毛穴にまんべんなくパウダーをなじませて、毛穴の影を消しましょう。

くるくる

ITEM

いちご毛穴も開き毛穴もカバーできる

するするとしたテクスチャーで毛穴を隠せる。ティンテッド スムージング ベース 15ml ¥3,800／レ・メルヴェイユーズ ラデュレ

さらりとしたテカリ知らずの肌が続く

皮脂や汗を吸収して美肌をキープ。M・A・C プレップ プライム トランスペアレント フィニッシング パウダー ¥3,800／M・A・C

Rule_06

クマを隠したい！

クマをカバーするときは、やっぱりコンシーラーが頼りになります。顔全体もぱっと明るく健康的に見えるようなコンシーラーの使い方をぜひマスターしましょう。

1 クマ部分に線でコンシーラーをのせて

クマは広い範囲でカバーしたいので、筆ペンタイプのコンシーラーがベスト。まずは4本ほど線を描いて。クマが目立つ上をまたぐようにのせましょう。

2 境目をぼかすひと手間を忘れずに

目頭側から目尻側まで、薬指を往復させてコンシーラーをつなげながら広げます。力が入らない薬指を使うのがコツ！ クマの範囲だけにやさしく広げましょう。

3 指でトントンとなじませます

コンシーラーを指先でなじませます。このとき、ごくソフトなタッチで行うのがコツ！ クマの範囲より少しだけ広くなるくらいまで広げましょう。

4 スポンジでフィットさせておしまい！

クマを一日中隠し通すには、コンシーラーを肌に密着させることが大切です。そこで、スポンジでパッティングして、しっかり肌に密着させましょう。

ぎょっとするくらい効果あり！なんだかめちゃめちゃ色白に見える

ITEM

広い範囲をカバーするのに最適！

なめらかな感触でファンデ代わりにも。肌色に合わせて選んで。アドバンスド スムージング コンシーラー 全5色 ¥3,500／THREE

Rule_06

シミを消したい！

点で存在しているシミ。それを面でカバーしようとすると、どうしても厚塗りになってしまうという難点があります。いちばん気になるところだけピンポイントで隠すのが正解です。

1

肌色ジャストの色に調整したコンシーラーをオン

シミを隠すときに大事なのは色の差をなくすこと。そこで、シミがない部分の肌色に合わせるためにコンシーラーを混ぜて色を調整。シミよりもやや広い範囲にのせます。

2

シミのまわりだけをぼかすのが最大のポイント！

シミの上にのせたコンシーラーをぼかしてしまうと、カバー効果は望めません。コンシーラーをのせたら、シミ部分の上は触らずに、周囲だけを慎重にぼかしましょう。

ITEM

紫外線もカットできるのが◎

3色を混ぜてジャストな肌色に。キャンメイク カラーミキシングコンシーラー SPF50・PA++++ 全2色 ¥750／井田ラボラトリーズ

3

最後にパウダーをのせてフィックスさせます

最後にパウダリーファンデか、パウダーを重ねて、きちんと密着させます。スポンジの角をぎゅっと折って、その先端を使うのがコツ。やさしくちょんちょんとのせて。

Rule_06

鼻を高く見せたい!

鼻が低いのは生まれつきだけど、ちょっとでも高く見せたいという気持ちは、私にも分かります！ 研究を重ねてたどりついた鼻を高く見せるハイライト使いを公開しちゃいますね★

眉頭の下から鼻筋に向かってすっとのせる

パレットの右の影色を指先にとって眉頭の下から目頭横に向けてすっとのせて。肌色となじむような色を使うのが、バレないポイントです。

1

2

おたまじゃくし型に光をプラス！

額から鼻根、鼻筋の中央あたりまでのゾーンに、パレット左のハイライトをすーっと入れます。実は、鼻の高い人はこのおたまじゃくしのゾーンが高いんです！ だから光を利用してここを高く見せましょう♪

Finish

ITEM

自然なツヤ感で立体感を演出する

ハイライトとシェーディングの2色セット。ナチュラルなツヤ感で骨格を強調できます。コントラストデュオ 01 ¥4,500／THREE

Rule_06

小顔に見せたい！

小顔って女性にとって永遠の憧れですよね。でも、ご安心を！シェーディングテクをプラスすれば、誰だってシャープな小顔が手に入ります。少し難しいけれど、ぜひトライしてみて。

顔の中に影をつくっていくといいんだって！

シェーディングは、入れていることが他人に分からないようにするのが大前提！ プロセス以前に影を入れるゾーンをチェックすることが重要です。基本は黒目より外側、頬骨よりも下側が目安。写真の斜線部分をよーく覚えましょう。

スティック

さっと塗るだけの簡単さがうれしい

引き締め効果の高いブラウン。自然な影っぽく見える色だから、初心者にも◎。シェーディングスティック ¥600／セザンヌ化粧品

パウダー

ふんわりパウダーと大きめブラシ

左・パウダーはミネラルファンデの濃い色を使うのがおすすめ。マット ファンデーション タン SP F15・PA+++ ¥4,000／ベアミネラル　右・大きめのフェイスブラシは自然な仕上がりを約束。KOBAKO フェイスブラシD ¥5,500／貝印

Rule_06

1 頬をぺこっとへこませてメイクすると失敗なし

唇をキュッと突き出すと頬がへこむはず。そのへこみを利用してシェーディングを入れます。頬骨の下からスタートして、眉尻下のラインまで来たら耳下に折り返して。

2 自然な影になるようにぼかしていきます

1で入れたシェーディングをスポンジでなじませます。左ページ写真の斜線部分から絶対にハミ出さないようにぼかして! たとえ薄くても効果は十分です。

1 パウダーは大きめブラシで「3」を描くように

パウダーを使う場合も、スティックタイプと同様に唇を突き出した状態で行います。パウダーの場合、フェイスラインに大きく数字の3を書くようにブラシを動かして。

2 ふんわりとパウダーをのせるくらいに仕上げて

大きめブラシでふんわりとのせることで、自然な影っぽさが生まれます。こめかみから頬骨下、頬骨下から耳下へとブラシを大きく動かしてシャープな骨格を演出します。

Rule_06

眉を自然に見せたい！

眉は顔の印象を左右する重要なパーツ。やさしげな表情や可愛らしい雰囲気を出したいときは、眉マスカラを使います。眉色を変えることで、ちょっとしたイメチェンも叶います！

1 ブラシの先にたまった液は必ずティッシュオフ

眉マスカラは繊細に眉毛と絡めるのが成功のヒミツ。ぽてっとつかないように、液がたまりがちなブラシの先端はあらかじめティッシュオフ。このひと手間が大事！

2 眉のたまり部分から上に向けてさっと塗る

眉マスカラのスタート地点は、基本の眉を描くスタート地点と同じです。眉毛1本1本に液が絡むように、上に向けて塗っていきます。肌につかないように軽いタッチで。

眉マスカラは髪色に合わせて選ぼう

ダークめブラウンはパール入り。赤みのある髪色の人におすすめです。ケイト アイブロウカラーN LB-1 ¥850／カネボウ化粧品

これもパール入り。髪色が黄みよりの人は、眉も同系色でまとめると自然。ケイト アイブロウカラーN LB-2 ¥850／カネボウ化粧品

Rule_06

色を変えると
イメチェンにも
なるよね〜♪

3　眉尻は毛流れに沿って
　　さっと塗るだけでOK

眉山から眉尻にかけては、毛が薄いので肌にベタッとつきやすいゾーン。そこで、眉毛の中間から毛先をとかすような気持ちで、さっと塗るくらいにとどめましょう。

4　眉頭は真上に向けて
　　塗ると可愛い！

眉の印象は眉頭で決まると言っても過言ではありません。おすすめは眉頭の毛流れを真上に向けて整えること。真上に向けた毛流れで、一気にメイク上手な印象に！

ダークトーンのカラーや黒髪の人は、暗めのブラウンを。きりっとした印象に。ケイト アイブロウカラーN BR-1 ¥850／カネボウ化粧品

髪色が明るめの人やアッシュ系の人はこれを。色白さんにもおすすめの色。ケイト アイブロウカラーN BR-2 ¥850／カネボウ化粧品

Rule_06

眉がどうしても上手に描けません

眉が左右対象にならない、どこまで毛をカットしたらいいかわからない、キレイな形にならない……といった眉のお悩みを解消するには、便利な眉アイテムがお役立ち!

How to use **1 美人眉アイブローガイドで形を整える**

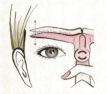   

01 眉の流れを整える
アイブローガイドを当てて、裏側のコームを使って眉をとかします。

02 眉の位置をセット
ガイドの横線を眉頭の下に合わせてセット。これが基本の高さです。

03 余分な毛をカット
ガイドからハミ出ている毛先があったらハサミでカットしましょう。

04 余分な毛を処理する
さらにガイドから完全にハミ出ている毛は毛抜きやカミソリで処理。

How to use **2 美人眉アイブローテンプレートで眉を描く**

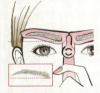 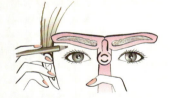 

01 テンプレートをセット
眉頭の下にテンプレートのガイド線が合うようにセットします。

02 眉を描いていく
パウダーやペンシルを使って眉を描いていきます。手順は基本通り。

03 全体を整えます
テンプレートを外したら、スクリューブラシで全体を整えて完成!

黄金バランスの眉が誰でも簡単に描けるツール

なりたい眉に合わせて3タイプそろってます

だれでも美人眉
キレイで洗練された眉が完成するパターン。すべての人におすすめです。

愛され美人眉
少し太めの眉に仕上がるパターン。可愛らしい雰囲気の眉が完成します。

おとな美人眉
眉山の位置を調整することで、若々しく見える眉を目指すパターンです。

左・アイブローガイド(だれでも美人眉)¥750 他2種、
右・アイブローテンプレート(だれでも美人眉)¥750 他2種/貝印

Rule_06

下向きまつ毛を
なんとかしたい!

まつ毛をくるんとカールさせると、ぱっちりとした印象の目元に。マスカラだけではカールしきれないという人は、ホットビューラーを使いましょう。私も撮影の現場では必ず使っているんですよ!

1

**マスカラが乾く直前に
ホットビューラーを**

普段通りにビューラーでまつ毛を上げてマスカラを塗ったら、すぐにまつ毛の根元にホットビューラーを当てて。そのまま数秒間キープし、カールを支える土台をつくります。

2

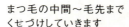

**まつ毛の中間〜毛先まで
くせづけしていきます**

次に、ホットビューラーをまつ毛の中間に移動させて数秒キープ。根元に当てていたホットビューラーを手前に回転させるようにして毛先までカールをつけていきます。

3

**下まつげのホットビューラーで
パッチリ感がアップ!**

より目をパッチリと見せたいときは、下まつげにもホットビューラーを使ってみましょう。下まつげの先端にホットビューラーを当て、押し下げる感じでキープします。

ITEM

**細かい毛先まで
くるんとカール**

まつ毛の根元からぐっと持ち上げてくせづけ。仕上がりも長持ち。KOBAKO ホットアイラッシュカーラー ¥3,000／貝印

Rule_06

まつ毛を**ボリュームアップ**したい！

ふさふさのまつ毛を目指すなら、マスカラを重ね塗りするのが基本テク。どうしてもまぶたにマスカラがついてしまうという人は、マスカラガードを使えば思いっきり重ね塗りができますよ。

1 目のキワに沿ってマスカラガードを当てる

マスカラガードを、まつ毛の根元に当てます。ガードが目のカーブに合わないときは一気に塗ろうとしないで、目頭側、中央、目尻側、と少しずつ場所を変えながら塗りましょう。

2 根元から思いっきりマスカラを重ねて！

マスカラガードを使えば、目元が汚れる心配なし！ とくにたっぷりと塗りたいのはまつ毛の根元。根元にとくにしっかりと塗り、まつ毛をとかしあげるように塗りましょう。

便利なグッズで仕上がりが格段にUP！

ITEM

目のキワに当てるとまつ毛が広がる！

マスカラがまぶたにつくのを防ぐガード。まつ毛が広がって塗りやすい。Q.E.C まつ毛が広がるマスカラガード（ピンク）¥600／貝印

Rule_06

マスカラが
ついちゃっても大丈夫！

3 マスカラコームでダマや毛束をほぐして

ダマになったときは、マスカラコームで仕上げます。間違っても、マスカラが乾いてからコームを使うのは避けて！ マスカラが乾く前に毛束の先端をコームの先で整えます。

まぶたにマスカラがついたときはピンポイントリムーバーでオフ。肌についたマスカラの上にちょんちょんとのせましょう。

リムーバーをのせてゆるんだマスカラは綿棒でオフ。綿棒をくるっと回転させるように動かすと、キレイに落とせます。

ITEM
先端がシャープな金属製コーム

とがった先端で毛束を繊細にとかすことができる。チャスティ マスカラコームメタルN マジェンタP（ナチュラル）¥700／シャンティ

ITEM
ピンポイントでオフできる！

ペンシルタイプのポイント用リムーバー。目元のにじみをさっとオフできる。エクスプレス オフ ¥600／メイベリン

Rule_06

普段のアイメイクを
イメチェンしたい！

その日の気分やスケジュール、合わせる洋服によってメイクに使う色をコーディネート！ いちばん簡単にできるのはアイラインの色を変えること。イメチェンだって叶います。

Purple

肌の透明感も引き出されて品のいい印象がアップ

パープルは上品さを演出してくれる色。アイラインで使うと、大人っぽく品のいい目元に変わります。また、肌の透明感を引き出してくれるのもいいところ。目上の方に会うときなどにおすすめです。

Navy

爽やかでおしゃれな印象に。夏のメイクにもぴったり！

キリッと知的な印象がほしいときはネイビーを。目の強さも強調されるので、人の視線を独占できる不思議な魅力があります。マリンテイストでまとめても可愛いので、夏メイクで活躍させて！

Khaki

大人の色っぽさも引き出すナチュラルカラーが素敵

カラーラインの中でいちばん使いやすいのが実はカーキ。というのも、ブラウンやベージュといったなじみ色との相性が抜群な、便利に使える色だから。オレンジや赤リップと合わせ、おしゃれ顔に。

---- ITEM ----

けぶったようなスモーキーさが◎

パープルといってもグレイッシュなトーンだから悪目立ちすることなく、カッコいい目元に。アイライナー ペンシル カラーパープル ¥2,500／アディクション ビューティ

にじみにくいのがうれしい！

ジェルのようななめらかさと発色。ネイビーは白目の透明感を引き立ててくれますよ。フルイッドライン アイ ペンシル ディープ ブルー シー ¥2,500／M・A・C

地味にならない技ありカーキ

ゴールドパール入りだから、落ち着いた色なのに地味にならない、さじ加減がおしゃれ！ アイライナー ペンシル モスボール ¥2,500／アディクション ビューティ

仕事帰りのお直しでもイメチェンできちゃうね！

Rule_06

ぷっくり唇になりたい！

いわゆる愛され顔の人って、唇がぷくっとしていて、何だかおいしそうな雰囲気がありますよね。リップライナーを使ってぷっくり可愛い唇を偽装してみる、なんていかがでしょう？

リップライナーを使って唇の形を補正しましょう

ぷっくり感を生むのは、下唇の底と上唇の両サイドライン。この3ヵ所をもとの唇より少し大きく膨らませるように丸みのあるラインを描きます。唇の色に近いライナーを使って。

下唇のラインは唇の幅の1／3を目安にします

下唇の底のラインはフラットに整えるのがコツ。もとの唇よりもライナーの芯の幅くらい外側に描きます。ライナーは唇の下側からあてて描くのがポイントです★

夢にまで見たバルーンリップになれそう〜

ITEM

唇の色に近いベージュ系を選んで

肌なじみがいいベージュピンク。なめらかな描き心地。ルナソル リップシャドウライナーN 02 ¥3,000（セット価格）／カネボウ化粧品

描いたラインをリップブラシでぼかします

何もつけていないリップブラシで、描いたラインをぼかします。唇の内側にくっきり感がなくなる程度でOK。ラインを描いていない部分との境目もなじませます。

仕上げにツヤ感のあるグロスをたっぷりと！

最後にグロスをたっぷりとのせて完了！ グロスは唇の中央に多めにのせてぷるぷる感を強調します。唇の立体感もアップ。上唇の山部分は、丸みをつけて塗ると、よりぷっくり！

ITEM

ぷるぷるの唇になれるグロス♪

グロスとしてはもちろん、ぷるんとした唇に見せてくれるからリップベースとしても活躍。グロス インラヴ VLM ¥3,500／ランコム

must Item　メイク直しのマストアイテム

尾花流・化粧直しテクなら、一日中美人!

くずれない、くずれてもバレないメイクをご紹介してきましたが、日中の化粧くずれは避けて通れないもの……。そこで、ささっとできて美人度も復活する、お直しのテクを紹介します。

1　高保湿のリップエッセンス
口元は動きの多い場所。すぐにカサついてしまうのでリップエッセンスは必携。メイク直しのときは最初にリップエッセンスを塗っておくと、口紅やグロスののりもよくなります。

2　筆ペンタイプのコンシーラー
色ムラをカバーするというよりも、このタイプのコンシーラーは日中のファンデーション代わりに使うのが賢い！　ファンデがとれてしまったところに部分使いすれば美肌が復活。

ポーチにこれが必携！マストアイテムお直しの

3　乳液をボトルに詰め替え
乳液は水分と油分がバランスよく含まれているのが特長。日中の乾いた肌にうるおいを与えてツヤを出せるのはもちろんですが、にじんだメイクを落とす係としても重宝しますよ。

4　朝に使ったスポンジ
朝のメイクでファンデやチークをなじませたスポンジをポーチにイン！　ベースメイクのヨレをならしたり、皮脂を適度に吸収できたりと、日中も何かと活躍してくれます。

5　小分けになった綿棒
メイクのにじみをオフしたり、小ジワに入り込んだファンデをなじませたり、綿棒はメイク直しの万能選手！　はみ出したリップも綿棒で唇の輪郭を整えると、キリッと感が出せます。

Retouch 部分別メイク直しのポイント

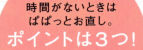

時間がないときは
ぱぱっとお直し。
ポイントは3つ！
仕事中や外出先でも簡単に
美人度を回復させる
メイク直しのポイントはこの3つ！

目の下ににじんだメイクは綿棒でさっとぬぐって

マスカラやアイラインがにじんでいたら、綿棒で落とします。左右に動かすと汚れが広がるので、綿棒を回転させるのがコツ。小分けにした乳液をなじませてから落としてもいいでしょう。

テカリはティッシュで軽く抑えてさらっと肌に

テカリの正体は、肌表面にある過剰な皮脂や汗。この余分な皮脂や汗は、いったんティッシュで抑えましょう。ランチ後など、メイク直しができないときはこれだけこっそり行っても。

朝メイクで使ったスポンジで肌表面をささっと整えます

顔全体をスポンジでパッティング。スポンジに余分な皮脂を吸収させつつ、肌に残っているファンデの膜をもう一度フィットさせます。ヨレた部分もスポンジでなじませれば、美肌が復活！

肌

ファンデを重ねるよりも
コンシーラーで直すのがおすすめ！
適度なツヤ感もプラスできます。

ポーチが軽く
なるのも
いいよね！

ファンデが落ちたところに
コンシーラーをのせます

小鼻のまわりや頬の高いところなど、ファンデが落ちた部分にコンシーラーをオン。これはファンデの代わりなので、線ではなく、面で塗りましょう。境目は指でぼかしておいて。さらにスポンジでパッティングすると完璧です。

01

お粉をブラシでさっと
のせて仕上げます

携帯用のプレストパウダーかパウダリーファンデを重ねて、さらりと仕上げます。ブラシに少量とったら、先に塗ったコンシーラーの上にふわっとかけるようにのせます。

02

目のまわり

目のまわりのメイクくずれはお疲れ感の原因に。でも、ここさえキレイにしておけば、美人に見せられます。

パンダ目のお直しには
コンシーラーを投入！

アイラインやマスカラがにじんでパンダ目になったら、筆ペンコンシーラーをリムーバー代わりにオン。デリケートな目元に負担なく、しかもコンシーラーの油分でキレイにオフできるので一石二鳥なんです。

01

綿棒でにじんだメイク
をからめとって

綿棒でにじんだメイクをコンシーラーごとオフします。綿棒でからめとるようにしてやさしく落とします。その後、少量のコンシーラーをのせてリタッチを。目元が明るくなって、お疲れ顔だってリフレッシュ！

02

夕方になっても涼しげな顔でいられそう！

眉

眉のまわりは意外に皮脂が多い場所。潔くオフしてからお直しするのがおすすめです。

眉は一回落とすのがポイント

描いた眉がとれている部分を綿棒でぬぐう

目尻側は気がついたら"麻呂眉"になっていることが……。いきなり描き直すのはムラになったり濃くなったりと、失敗のモト。まずは残っている分と皮脂を綿棒で潔くぬぐいます。

全体をバランスよく描き足していって

眉の中心から眉尻にかけて、改めて基本通りにパウダーをのせていけば、美人眉が元通りに！ 濃さや形などは眉全体のバランスを見て整えて。

チーク

疲れて顔色が悪いときにチークを重ねると、悪目立ちの危険あり。うっすらとのせるくらいにとどめて。

スポンジに少〜しだけ とってつけ直します

スポンジにチークをほんの少しだけつけ足して、ポンポンとのせていきます。はっきりと色づくというよりも、ほんのり血色感をプラスして、透け感のある仕上がりになればOKです。

完全に落ちている なら指でつけ足し

チークがまったく残っていない状態なら、再度基本通りにのせて。ただし、肌の透け感が残るくらいに。

リップ

リップのお直しは、うるおい感を絶やさないのがカギ！ 保湿してグロスでツヤをプラスしましょう。

まずは唇に残っている リップを綿棒で落として

口紅やグロスがムラになって残っている場合は、綿棒で軽く落としてから重ねると清潔感のある口元が復活。綿棒にリップクリームを少しとってから行うとスムーズにオフできます。

リップクリームで保湿して ツヤリップをキープ！

唇は乾燥しやすいので、日中もマメに保湿しましょう。カサつきが防げるだけでなく、口紅を塗り直したときにムラなくキレイに仕上がります。

いつ見ても美人、が目標だよ！

Epilogue

あなたには あなたにしかない
　魅力が いっぱい。
是非！存分に生かして下さい。

　　基本ができたら
　　応用は無限

　　　　いろんな自分を楽しみながら、いつまでも
　　　　自分とみんなをドキドキさせて♡

　最後に、この本が
　"あなただけの美しさ"のお役に立てたら
　こんなにHAPPYなことはありません。

　これからも 自分らしく！

　　　　　　　　ありがとうございました
　　　　　　　　　　尾花 ケイコ

[衣装クレジット]

COVER&スタンダードメイク
トップス¥6,400（RANDA）
ガウチョパンツ¥19,500（Ninamew）
ネックレス¥3,800
ピアス¥4,400（ともにPHOEBE／
フィービィー ルミネエスト新宿店）

時短メイク
シャツ¥3,900　パンツ¥12,000
（ともにTRANS CONTINENTS／ピーチ）
ピアス[ネックレスとセット]¥2,980（GIRL）

およばれメイク
ドレス¥2,980　クラッチバッグ¥3,980
（ともにGIRL）
ネックレス¥1,389　ブレス¥1,204
（すべてクレアーズ原宿駅前店）
パンプス¥7,900（RANDA）

ピュア色っぽメイク
ニット¥9,000（Ninamew）
ピアス¥2,800　ブレス¥3,980
（ともにPHOEBE／
フィービィー ルミネエスト新宿店）
フェザークッションカバー各¥6,500
（LILICIOUS／lilLilly TOKYO）

ちょいモードメイク
レースブラウス¥7,000（Honey Cinamon）
スカート¥7,900（MISCH MASCH）
イヤリング¥741（クレアーズ原宿駅前店）
ヘアクリップ¥1,200　リング¥1,000
ピンキーリング¥1,500（すべてHeartdance）
パンプス¥7,900（RANDA）

カーディガン¥6,900（MISCH MASCH）
ローファー¥22,000（DR. MARTENS／
ドクターマーチン・エアウエア ジャパン）

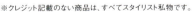

※クレジット記載のない商品は、すべてスタイリスト私物です。

[問い合わせ先]

GIRL	www.girl-k.com/	ピーチ	03-5411-2288
クレアーズ原宿駅前店	03-5785-1605	フィービィー ルミネエスト新宿店	03-6273-1905
ドクターマーチン・エアウエア ジャパン	03-5428-4981	MISCH MASCH	0120-298-707
Ninamew	03-6427-8808	RANDA	06-6451-1248
Heartdance	0120-298-707	lilLilly TOKYO	03-6721-1527
Honey Cinamon	03-5411-0800		

[掲載ブランドリスト]

RMK Division	0120-988-271
アディクション ビューティ	0120-586-683
アンブリオリス・ジャパンお客様相談室	0120-838-747
井田ラボラトリーズ	0120-44-1184
イプサ お客さま窓口	0120-523-543
エスト 花王消費者相談室	0120-165-691
エテュセ お客様窓口	0120-074-316
貝印株式会社　お客様相談室	0120-016-410
カネボウ化粧品	0120-518-520
キールズ	03-6911-8562
コーセー	0120-526-311
コスメデコルテ	0120-763-325
資生堂／資生堂インターナショナル	0120-30-4710
シャンティ	0120-56-1114
ジュリーク・ジャパン	0120-400-814
THREE	0120-898-003
セザンヌ化粧品	0120-55-8515
パルファン・クリスチャン・ディオール・ジャポン	03-3239-0618
ベアミネラル	0120-24-2273
ポール & ジョー ボーテ	0120-766-996
M・A・C	03-5251-3541
三善 お客様相談窓口	0120-06-3244
メイベリン ニューヨーク お客様相談室	03-6911-8585
ランコム	03-6911-8151
レ・メルヴェイユーズ ラデュレ お客様相談室	0120-818-727
ロージーローザ	0120-253-001

尾花ケイコ　KEIKO OBANA

ヘアメイクアップアーティスト。
PINKSSION主宰。
女性の魅力を最大限に引き出す、好感度の高いナチュラルメイク術に定評がある。
わかりやすいメイク理論でアラサー、アラフォーを中心に、幅広い層の女性から絶大な支持を得る。
雑誌、広告、テレビ・ラジオ、講習会など多岐に渡って活躍。女優やモデルからの支持も厚い。
また、「美眉師」との異名を持つほど眉に深い造詣を持つ。著書多数。
http://pinkssion.com/

ブックデザイン	内藤美歌子（株式会社バーソウ）	イラスト	きくちりえ
撮影	鈴木希代江（人物）／久々江満（静物）	校正	菅野ひろみ
モデル	三枝こころ（株式会社ニュートラルマネジメント）	編集・制作	寺田奈巳
スタイリング	二宮梨緒	企画・制作	植木優帆（マイナビ出版）
取材・文	楢﨑裕美／丸岡彩子		

絶対美人になれるメイクのルール

2016年5月20日　初版第1刷　発行

著　者　　尾花ケイコ
発行者　　滝口直樹

発行所　　株式会社マイナビ出版
　　　　　〒101-0003
　　　　　東京都千代田区一ツ橋2-6-3 一ツ橋ビル2F
　　　　　TEL:0480-38-6872（注文専用ダイヤル）
　　　　　TEL:03-3556-2731（販売部）
　　　　　TEL:03-3556-2736（編集部）
　　　　　E-mail:pc-books@mynavi.jp
　　　　　URL:http://book.mynavi.jp

【化粧品を使用する際は以下のことを守ってください】
本書で紹介している化粧品を使用する際は、
化粧品の使用上の注意をよく読み、正しくご使用ください。
皮膚の弱い方、アレルギー体質の方など
健康上の不安がある方は医療機関や専門医にご相談の上、
ご使用ください。本書の著者ならびに出版社は、
化粧品を用いて生じたあらゆる問題に対する責任は負いかねます。

印刷・製本　　大日本印刷株式会社

注意事項について
・本書の一部または全部について個人で使用するほかは、著作権法上、
　著作権者および（株）マイナビ出版の承諾を得ずに無断で複写、複製することは禁じられております。
・本書についてのご質問等ございましたら、上記メールアドレスにお問い合わせください。
　インターネット環境のない方は、往復はがきまたは返信用切手、返信用封筒を同封の上、（株）マイナビ出版 第5部書籍編集課までお送りください。
・乱丁・落丁についてのお問い合わせは、TEL:0480-38-6872（注文専用ダイヤル）、電子メール：sas@mynavi.jpまでお願いいたします。
・本書の記載は2016年4月現在の情報に基づいております。そのためお客さまがご利用されるときには、情報が変更されている場合もあります。
・本書中の会社名、商品名は、該当する会社の商標または登録商標です。

定価はカバーに記載しております。

©Keiko Obana 2016　©Mynavi Publishing Corporation 2016
ISBN978-4-8399-5807-7 C2077
Printed in Japan